ANÁLISIS DE SENTIMIENTOS EN TEXTOS DE OPINIÓN
Una evaluación práctica

Análisis de sentimientos en textos de opinión

Una evaluación práctica

Rutilio Rodolfo López Barbosa

PLAZA Y VALDES
PyV
EDITORES

Primera edición: Febrero, 2019.

López Barbosa Rutilio Rodolfo (2019). Análisis de Sentimientos en textos de opinión. Una evaluación práctica. Editorial Plaza y Valdés.

© Plaza y Valdés S.A. de C.V.
Alfonso Herrera No. 130 Int 11,
Col. San Rafael, Ciudad de México,
C.P. 06470, Delegación Cuauhtémoc.
Teléfono: 50.97.20.70
www.plazayvaldes.com.mx
coediciones@plazayvaldes.com

Plaza y Valdés S.L
Calle Murcia, 2 Colonia de los Ángeles.
Pozuelo de Alarcón 28223, Madrid, España.
Teléfono: 91 812 63 15
madrid@plazayvaldes.com
www.plazayvaldes.es

Impreso en México / *Printed in Mexico*

Formato y edición: Jessica Nataly Muñiz Ortiz

Agradecimientos

Agradezco en primer lugar a Dios y dedico el fruto de este esfuerzo a mi familia pero principalmente a todas las mujeres que son y han sido el centro de mi universo desde mi nacimiento y siempre: A Rafaela Barbosa, mi madre, a mi esposa Lore, a mi pequeña Ximenita, a mi hermana Ana y a mi Daniela. Dedico también este trabajo a mi padre, a todos mis hermanos, hermanas y al resto de mi familia.

Agradezco a mis estimados amigos del laboratorio quienes han estado a unos pasos de mí cada vez que los he necesitado, a Eydel por su ímpetu, su amistad, su disponibilidad y su empatía; a Paulo por su hermandad y aprecio, por su sinceridad y por su apoyo, A Enayat por sus consejos, su sabiduría y su amabilidad; A Kary por sus palabras de ánimo, por su amistad y apoyo; A Bernabé por su compañerismo y amistad; A David por su apoyo moral y su empatía; al resto de mis compañeros con los que no tuve tantas oportunidades de convivir pero que demostraron estar dispuestos apoyarme con sus conocimientos y experiencia.

A mis guías Salvador Sánchez Alonso y a Miguel Ángel Sicilia Urbán quienes me condujeron a través de todo el proceso de investigación, redacción y difusión de mis resultados.

Resumen

El presente documento describe el proceso de investigación y desarrollo llevado a cabo en la disciplina del análisis de sentimientos. El objetivo principal de esta investigación fue evaluar la aplicación de las tecnologías del análisis de sentimientos al contenido generado por los usuarios de distintos medios sociales y presentar propuestas de aprovechamiento de los resultados de estas tecnologías a las organizaciones y usuarios. Se estudió el grado de confiabilidad de las herramientas en línea de análisis de sentimientos que trabajan con Twitter como fuente de corpus; se presentó una propuesta heurística que simplifica el análisis de sentimientos de los mensajes de Twitter centrándose en las opiniones directamente relacionadas con los objetos de opinión en lugar de determinar el sentimiento de forma global y que genera información adicional que pudiese resultar útil para el boca a boca electrónico; Finalmente se desarrolló y evaluó una propuesta de predicción de calificaciones cuantitativas de hoteles a partir de las críticas emitidas por los usuarios de sus servicios. Los resultados de esta investigación demuestran que el análisis de sentimientos es una disciplina que en su estado actual puede ser útil para la toma de decisiones para compañías e individuos y que sin embargo es susceptible de ser mejorada para el aprovechamiento de la cantidad masiva de opiniones en texto emitidas por los usuarios de los medios sociales.

Índice General

Índice de Figuras

Índice de Tablas

Índice de Fórmulas

Capítulo 1

Análisis de Sentimientos e implicaciones prácticas

La publicación de ideas, pensamientos, opiniones, juicios, críticas y sentimientos en la actualidad a través la Internet, la Web y particularmente los medios sociales es una forma de comunicación moderna entre las personas casi inconcebible en un pasado relativamente cercano.

El análisis de sentimientos es el uso de técnicas de procesamiento de lenguaje natural, y aprendizaje automático para discernir las actitudes u opiniones de los autores de documentos de texto hacia un objeto (Pang & Lee, 2008), por ejemplo, un producto, un servicio, un personaje, un acontecimiento, una marca o una compañía. El análisis de sentimientos aplicado a textos extraídos de los medios sociales puede ofrecer una percepción global de la aceptación o rechazo de productos o servicios entre otras cosas. La información obtenida de un análisis eficiente o suficientemente confiable puede ser usada para la toma de decisiones importantes tanto por individuos como por organizaciones.

La tarea principal del análisis de sentimientos es la extracción de información subjetiva de documentos de texto. En su forma primordial, clasifica los documentos como positivos o negativos de acuerdo con el sentimiento predominante detectado en estos (Liu B. , 2012). Con la disponibilidad de grandes cantidades de texto con opiniones generadas por usuarios por la llegada de la Web 2.0 y las tecnologías asociadas, el análisis de sentimientos ha sido utilizado para detectar tendencias en la opinión pública en medios sociales, con diferentes propósitos tales como políticos (O'Connor, Balasubramanyan, Routledge, & Smith, 2010), financieros (Mittal & Goel, 2012) y mercadotécnicos (Jansen, 2009; Melville, Gryc, & Lawrence, 2009).

En este capítulo se presenta el planteamiento del problema que dio origen al trabajo de investigación presentado en este documento, así como un panorama general de las principales áreas del conocimiento que están involucradas. Se presentan también los objetivos de investigación que guiaron el desarrollo del trabajo y las propuestas de innovación en el área del análisis de sentimientos. Al final se hace un breve bosquejo de la estructura del resto del documento.

1.1.Planteamiento del problema

1.1.1. Confiabilidad de las herramientas

Desde los primeros años de este siglo, diferentes investigadores han experimentado con propuestas para identificar la orientación predominante del sentimiento en texto con opiniones generadas por usuarios de medios sociales (Liu B. , 2012). Las principales fuentes de estas opiniones han sido las críticas y comentarios de usuarios hacia productos y servicios que es posible generar en los sitios Web relacionados directa o indirectamente con estos (Medhat, Hassan, & Korashy, 2014). Otras fuentes de opiniones muy recurridas han sido los blogs, los sistemas de noticias y más recientemente los micro-blogs. Los mensajes de texto emitidos en micro-blogs, más específicamente en Twitter han sido ampliamente utilizados como corpus para el análisis de sentimientos desde 2009, justo tres años del lanzamiento de este servicio en 2006 (Tsytsarau & Palpanas, 2012).

No obstante la gran cantidad de trabajo de investigación en el análisis de sentimientos con métodos clásicos (Hu & Liu, 2004; Kim & Hovy, 2004; Kamps, Marx, Mokken, & De Rijke, 2004) y estadísticos (Turney, 2002; Yu & Hatzivassiloglou, 2003; Taboada, Anthony, & Voll, 2006a) de procesamiento de lenguaje natural y enfoques novedosos del aprendizaje automático supervisado (Galley, McKeown, Hirschberg, & Shriberg, 2004; Gamon, 2004; Go, Bhayani, & Huang, 2009) y no supervisado (Taboada, Gillies, & McFetridge, 2006b; Zhu, Zhu, Wang, & Tsou, 2009), las áreas de oportunidad en esta nueva disciplina aún son diversas.

Comparar la eficiencia de los métodos propuestos para análisis de sentimientos de forma objetiva resulta difícil. Esto se debe a la diversidad de enfoques y configuración de los experimentos en cada trabajo de investigación (Prabowo & Thelwall, 2009). Por ejemplo, un enfoque basado en máquina de vectores de soporte (aprendizaje automático) que analiza críticas de películas, difícilmente puede compararse de forma objetiva con otro enfoque basado en léxico que analiza tweets, aun cuando las eficiencias reportadas sean similares.

Twitter impacta directamente la comunicación boca a boca porque permite a los usuarios compartir sus opiniones o actitudes hacia productos, servicios o marcas (Jansen, 2009). Por ejemplo, existen diferentes herramientas de análisis de sentimientos basadas en la Web que trabajan con Twitter como fuente de corpus y están disponibles públicamente para aquellos que deseen conocer el sentimiento general de los usuarios de Twitter hacia un objeto[6] (p.ej. un producto o servicio). Al emitir una misma consulta simultáneamente sobre un objeto determinado en varias herramientas, aquellas con eficiencia reportada similar deberían reportar resultados similares pues, de no ser así, ¿En cuáles puede confiar el usuario?

Más allá de la eficiencia reportada para cada propuesta, que generalmente es buena (Tsytsarau & Palpanas, 2012), una de las preguntas iniciales que surgieron en las primeras etapas de este trabajo de investigación fue ¿Es posible confiar en los resultados que emiten diferentes herramientas de análisis de sentimientos que trabajan con Twitter como corpus? Por lo que responder a esta pregunta se convirtió en una de las primeras motivaciones de este trabajo y los resultados de la investigación en busca de la respuesta, se presentan y discuten en el capítulo 4.

1.1.2. Combinación simplificadora de enfoques
Un estudio profundo de los algoritmos, métodos y herramientas de análisis de sentimientos que utilizan tweets como corpus permite observar que la mayoría determina el sentimiento global del texto y no el sentimiento *hacia determinado objeto de opinión en el texto* (Medhat, Hassan, & Korashy, 2014; Tsytsarau & Palpanas, 2012; Prabowo & Thelwall, 2009). Los algoritmos de aprendizaje automático, especialmente aquellos que utilizan enfoques estadísticos de procesamiento del lenguaje natural, clasifican nuevos tweets mediante la comparación de patrones previamente aprendidos en la fase de entrenamiento, pero no en función de que esos patrones incidan directamente en la crítica positiva o negativa hacia un objeto determinado (Jansen, 2009).

Propuestas más actuales (Jiang, Yu, Zhou, Liu, & Zhao, 2011; Zhang, Ghosh, Dekhil, Hsu, & Liu, 2011), han enfocado sus esfuerzos a determinar la orientación del sentimiento hacia un objeto determinado (p.ej. un producto o servicio) en los tweets usando diferentes enfoques del aprendizaje automático o del procesamiento del lenguaje natural. Estas propuestas abordan el problema del análisis de sentimientos mediante dos fases de procesamiento. En la primera fase se determina la subjetividad del tweet mientras que en la segunda se realiza la clasificación de la polaridad del sentimiento de aquellos tweets encontrados como subjetivos (Jiang, Yu, Zhou, Liu, & Zhao, 2011);

o bien en la primera fase se realiza un análisis de sentimientos a nivel de entidad (donde la entidad en el objeto de opinión) basada en un léxico de sentimientos y en la segunda se utiliza un método estadístico para afinar la clasificación (Zhang, Ghosh, Dekhil, Hsu, & Liu, 2011).

Como resultado de la observación de este hecho surge la pregunta de investigación ¿Es posible simplificar el proceso de análisis de sentimientos en tweets, con una eficiencia superior o al menos equivalente al estado del arte? Esta pregunta motivó la investigación la creación de una propuesta simplificadora del proceso de análisis de sentimientos hacia un objeto de opinión. Tal propuesta estaría basada en el uso de enfoques lingüísticos para analizar semánticamente la relación entre expresiones subjetivas y el objeto de opinión. Esto evitaría realizar doble procesamiento de los tweets como en los casos mencionados anteriormente. Las características de tal propuesta podrían permitir la generación de información adicional que enriquezca el boca a boca electrónico (*electronic word of mouth* –eWoM–). La demanda de recursos de cómputo por el doble proceso de las propuestas actuales mencionado en el párrafo anterior podría parecer insignificante al hablar de miles de tweets, que siempre son mensajes con una longitud máxima de 140 caracteres, no obstante, la enorme cantidad disponible de este tipo de mensajes hace factible el proceso de cientos o hasta miles de millones de mensajes potenciando también la necesidad de recursos de cómputo. Por tal razón, una propuesta que suprima la necesidad del doble proceso puede ofrecer los mismos beneficios con mayor rapidez y menor necesidad de recursos.

Existen herramientas de procesamiento de lenguaje natural (tales como NLTK[33], OpenNLP[44] y Stanford CoreNLP[10]) y léxicos de sentimientos (tales como MPQA subjectivity lexicón[8] y SentiWordNet[19]) disponibles públicamente y que teóricamente pueden servir de base para el desarrollo de una propuesta con tales características. La configuración de los experimentos realizados en relación con la pregunta de investigación planteada, así como los resultados obtenidos, se discuten en el capítulo 5.

1.1.3. Predicción de calificación de hoteles
Aunque Twitter es una de las fuentes de corpus más recurridas para el análisis de sentimientos, otros contenidos generados por los usuarios en medios sociales, tales como entradas en blogs o críticas en línea a productos y servicios también han sido usados reiteradamente (Tsytsarau & Palpanas, 2012).

Existen sitios relacionados con la hostelería y otros servicios derivados como TripAdvisor.com, like.com, Booking.com y HolidayCheck.com que permiten a los usuarios expresar sus opiniones de forma abierta y que al mismo tiempo solicitan una valoración numérica global de la satisfacción con el servicio. Considerando al "boca a boca" como estrategia de mercadotecnia, la valoración numérica es un dato interesante *a priori* para los posibles clientes del servicio, sin embargo, en este punto y con las opiniones en texto disponibles para su análisis, hay dos cuestiones interesantes que plantear:

- Primero, hay sitios, tales como foros de viajeros –por ejemplo TravelersPoint.com, LonelyPlanet.com o LosViajeros.com– en los que sólo se emiten opiniones y no calificaciones cuantitativas (sea en forma de estrellas o de otro modo) hacia los servicios, ¿Es posible calcular de forma confiable una calificación global de los hoteles (u otros prestadores de servicios) basada en el análisis de sentimientos de las opiniones?

- Segundo, es claro que el conjunto de las opiniones en texto es una fuente potencial de información más concreta y específica que una valoración global. En este sentido, surge la motivación para investigar si existe correlación entre calificaciones reales de hoteles y los resultados del análisis de sentimientos y desarrollar un modelo que genere esas calificaciones de forma confiable.

El impacto significativo de las críticas en línea en la comunicación boca a boca electrónica está ahora bien establecido en la literatura (Cantallops & Salvi, 2014; Zhu & Zhang, 2006). La creciente confianza de los consumidores en las críticas en línea hacia productos y servicios fomenta tal abundancia de contenido generado por el usuario que ningún cliente potencial podría revisarlo todo exitosamente (Jalilvand, Esfahani, & Samiei, 2011). Las herramientas de análisis de sentimientos, las cuales pueden condensar grandes cantidades de comentarios de texto en números fácilmente asimilables, pueden proveer una forma poderosa de agrupar y resumir un amplio rango de opiniones. El capítulo 6 describe el modelo de predicción de calificación (ratings) de hoteles propuesto que fue diseñado utilizando diversos algoritmos de Análisis de Sentimientos.

1.2. Panorama general

El trabajo de investigación expuesto en este documento se centró en una disciplina relativamente reciente en la que se encuentran las ciencias computacionales y la lingüística: el análisis de sentimientos (*sentiment analysis u opinion mining* como es conocido en el idioma inglés). Más específicamente, para el caso de las ciencias computacionales, están involucrados el aprendizaje automático, el procesamiento de lenguaje natural y la recuperación de información. "Análisis de Sentimientos" es una traducción literal del término en inglés y en algunas ocasiones puede no apegarse al sentido real de la disciplina. Esta disciplina busca identificar sentimientos concretos del autor del texto en algunas ocasiones y en otras busca identificar actitudes (positiva o negativa) hacia un objeto de opinión, para estas situaciones, una mejor traducción al español podría ser "análisis de actitudes". Con la finalidad de hacer una referencia más global a la disciplina, en todo el documento se menciona el análisis de sentimientos para referirse a ambas acepciones. A continuación, cada una de estas disciplinas, que forman el marco conceptual en el que se desarrolló la investigación, se describen brevemente en relación con el análisis de sentimientos.

1.2.1. Aprendizaje automático

El aprendizaje automático es una rama de la inteligencia artificial que se enfoca en el diseño de sistemas que pueden aprender de datos mediante los cuales han sido entrenados (Alpaydin, 2014). La idea central del aprendizaje automático subyace en la mejora del rendimiento del sistema en la tarea para la cual fue diseñado. Los sistemas deben aprender y mejorar con la experiencia y llegar a predecir resultados basados en los datos de entrenamiento (Bell, 2014). Los algoritmos de aprendizaje automático caen principalmente en dos tipos: Aprendizaje supervisado y aprendizaje no supervisado.

Los algoritmos de aprendizaje supervisado se caracterizan por ser entrenados con un conjunto de datos previamente etiquetados. Cada dato del conjunto debe ir acompañado por un resultado asociado. De esa forma se prepara al algoritmo para predecir qué resultado debe asociarse a nuevos datos. Por el contrario, el aprendizaje no supervisado no busca asociar etiquetas a nuevos datos sino encontrar patrones de comportamiento (Marsland, 2014).

En relación con el análisis de sentimientos, en trabajos previos se han utilizado distintos algoritmos de aprendizaje automático para clasificar textos con opinión, de acuerdo con la polaridad del sentimiento, como positivos o negativos (Tsytsarau & Palpanas, 2012). Los algoritmos utilizados para esta tarea han sido principalmente máquinas de vectores de soporte (SVM por siglas en inglés), Entropía máxima (ME) y Naive Bayes que pertenecen a la categoría de aprendizaje supervisado. Algunos investigadores han utilizado métodos de clasificación que etiquetan sólo parte de los datos e incluyen reglas que representan patrones esperados en los textos a analizar. Estos métodos se encuentran en un punto intermedio entre aprendizaje supervisado y no supervisado y se conoce como semisupervisado (Witten, Frank, & M., 2011)

1.2.2. Procesamiento de lenguaje natural (PLN)
Como disciplina de las ciencias computacionales, el procesamiento del lenguaje natural se enfoca en la interacción entre los lenguajes naturales humanos y las computadoras. Esta disciplina no sólo se concentra en la comprensión del lenguaje sino además en la organización de la memoria y en los aspectos cognitivos humanos (Jurafsky & Martin, 2014).

Desde un punto de vista clásico (simbólico o lingüístico) el análisis de texto en lenguaje natural pasa por varias etapas (Indurkhya & Damerau, 2010), que inician con el análisis léxico cuyas tareas incluyen la segmentación en oraciones (sentence spliter) y la identificación de elementos primarios del lenguaje (tokenizing). El siguiente nivel de tareas que incluyen la identificación de la estructura de las oraciones y las dependencias gramaticales son el análisis sintáctico-gramatical. El nivel más alto de análisis es el semántico-pragmático. Desde el punto de vista estadístico el procesamiento de lenguaje natural se apoya en algoritmos de aprendizaje automático, especialmente aquellos no supervisados orientados a la generación de reglas que en enfoque clásicos eran codificadas manualmente (Indurkhya & Damerau, 2010). Ambos enfoques han sido utilizados en diferentes proyectos de investigación relacionados con el análisis de sentimientos con corpus provenientes de diferentes fuentes principalmente de los medios sociales.

El análisis de sentimientos se considera un reto específico del procesamiento de lenguaje natural (Liu B. , 2010) y de hecho, éste hace uso de muchas de las tecnologías disponibles de PLN en cada una de sus etapas de procesamiento.

1.2.3. Lingüística computacional
La lingüística computacional es una disciplina derivada del procesamiento de lenguaje natural que se especializa en el estudio de modelos basados en reglas y estadísticos que representan el lenguaje natural en sistemas computacionales (Jurafsky & Martin, 2014). Su importancia es relevante cuando se trata del análisis de sentimientos, debido a que aporta elementos de análisis sustancialmente semánticos que permiten entender el propósito o la actitud del autor de un texto con opinión.

Las aplicaciones de la lingüística computacional en relación directa con el análisis de sentimientos son el análisis morfológico, el análisis léxico, el análisis sintáctico y gramatical y el análisis semántico (Indurkhya & Damerau, 2010).

1.2.4. Recuperación de Información
La recuperación de información es una actividad que involucra diferentes técnicas para la adquisición de recursos de información electrónicos (Croft, Metzler, & Strohman, 2010). Estos recursos pueden ser documentos de texto, audio, imágenes o video. Las técnicas utilizadas para la búsqueda o localización de los recursos pueden utilizar metadatos disponibles, bases de datos con información enlazada a los recursos o incluso la revisión de los propios recursos.

Algunas de las técnicas más utilizadas para la recolección de un conjunto de datos para el análisis de sentimientos son el uso de interfaces de programación de aplicaciones (API por sus siglas en inglés) que algunos servicios Web hacen disponibles ya sea de forma gratuita o comercial y el uso de programas robot denominados Web robot o Web crawler cuyo objetivo es navegar sistemáticamente a través de la Web, obtener datos y metadatos y almacenarlos en bases de datos estructuradas para su posterior uso (Gerdes Jr, 2008).

1.2.5. Boca a boca electrónico (electronic word of mouth - eWoM)
El boca a boca es una práctica que ha sido aprovechada en distintas estrategias de mercadotecnia, que sucede cuando algunos usuarios de determinado producto o servicio comparten su experiencia positiva o negativa con otros usuarios potenciales. Cuando esta experiencia u opinión se comparte a través de distintos servicios de Internet se conoce como boca a boca electró-

nico. Aunque es una forma menos personal de interactuar, se considera más poderoso debido a su alcance significativo, a su disponibilidad inmediata y a su accesibilidad (Jansen, 2009).

El boca a boca electrónico se relaciona con el análisis de sentimientos, cuando los usuarios desean conocer la opinión global por ejemplo de otros usuarios de Twitter sobre un objeto (p.ej. un producto o servicio) y utilizan algunas de estas herramientas de análisis con ese propósito. Si se considera a cada una de estas herramientas como un experto que emite una opinión sobre el objeto en cuestión, recibir opiniones similares de diferentes expertos genera confianza en el receptor de tales opiniones, pero recibir opiniones distintas genera desconfianza en las opiniones y en los expertos que las emiten.

1.2.6. Medios sociales

El advenimiento de las tecnologías relacionadas con la Web 2.0 ha permitido la proliferación de contenido generado por el usuario en cantidades imposibles de manejar por humanos (Tsytsarau & Palpanas, 2012; Melville, Gryc, & Lawrence, 2009). Tal contenido se ha convertido en una fuente valiosa de información tanto para personas como para compañías. Especialmente los textos generados que incluyen opiniones sobre objetos, personas o eventos, resultan potencialmente valiosos con diversos fines, ya sean estos políticos, estrategias de mercadotecnia o fluctuaciones en el mercado de valores, entre otros usos (Jansen, 2009; Mittal & Goel, 2012; Lai, 2010).

Investigadores e instituciones han concentrado sus esfuerzos a agregar y resumir los sentimientos y las opiniones incluidos los medios sociales (Tsytsarau & Palpanas, 2012). Los medios sociales más recurridos para efecto de investigaciones han sido las críticas y comentarios dirigidos a productos y servicios, micro blogs (más concretamente Twitter) y servicios de noticias (Medhat, Hassan, & Korashy, 2014). Tanto las críticas como las noticias se redactan normalmente en un lenguaje cotidiano, pero no es el caso de los mensajes de Twitter (tweets) cuyas características especiales hacen necesario una serie de procesos de limpieza, formateo y reparación (Agarwal, Xie, Vovsha, Rambow, & Passonneau, 2011).

1.3. Objetivos de Investigación

1.3.1. Objetivo general
El objetivo general de esta investigación fue evaluar la aplicación del análisis de sentimientos a los datos generados por los usuarios de medios sociales y plantear propuestas de aprovechamiento de los resultados para compañías y usuarios.

Con la finalidad de alcanzar este objetivo general y en relación directa con la motivación planeada anteriormente, se plantearon los siguientes:

1.3.2. Objetivos específicos
(O1) Estudiar el grado de confiabilidad de las herramientas en línea de análisis de sentimiento que trabajan con mensajes de microblogs como fuente de corpus.

(O2) Determinar si es posible simplificar el proceso de análisis de sentimientos de tweets centrado en el objeto de opinión con respecto al estado del arte de la tecnología evitando el doble procesamiento de los mensajes y produciendo a su vez información adicional que pudiese resultar útil para el boca a boca electrónico.

> (O2.1) Desarrollar una propuesta de algoritmo que realice el análisis de sentimientos en tweets en una fase y se centre en el objeto de opinión con una eficiencia al menos similar al estado del arte de la tecnología.

> (O2.2) Implementar mecanismos de aprendizaje automático no supervisados en la identificación de palabras usadas frecuentemente para calificar positiva o negativamente a los objetos de opinión, cuyos resultados amplíen la información resultante del análisis de sentimientos con el propósito específico del boca a boca electrónico como estrategia de mercadotecnia.

(O3) Desarrollar una propuesta de predicción de calificaciones cuantitativas a partir de valoraciones textuales cualitativas.
> (O3.1) Determinar si existe correlación entre los resultados de herramientas de análisis de sentimientos sobre las críticas o comentarios y la calificación global asignada por los mismos usuarios a los hoteles.

(O3.2) En caso de existir una correlación, desarrollar una propuesta de predicción de la calificación global de los hoteles basándose solamente en la cuantificación de los resultados del análisis de sentimientos.
(O3.3) Evaluar la confiabilidad de resultados generados por el modelo de predicción propuesto para los hoteles.

1.4. Estructura del documento

El resto del documento está estructurado de la siguiente forma:

El capítulo 2 describe la metodología que se siguió para alcanzar los objetivos de investigación presentados. Se resumen las configuraciones, así como los procedimientos que se siguieron en los experimentos para alcanzar los objetivos planteados.

En el capítulo 3 se presenta el resultado de la revisión de la literatura y se plantean los avances más sobresalientes en trabajos de investigación en el contexto del análisis de sentimientos. Se muestra la evolución de esta disciplina a través de los distintos estudios que han aplicado metodologías y propuestas distintas principalmente de aprendizaje automático de acuerdo con los tipos de experimentos.

En los capítulos 4, 5 y 6 se detallan las estructuras y métodos de recopilación de los datos, las etapas de proceso, las herramientas y algoritmos, el análisis de los resultados y las conclusiones de cada uno de los experimentos realizados en función de los objetivos específicos planteados anteriormente.

Finalmente, en el capítulo 7 se presenta el análisis de los resultados y las conclusiones globales. También se presentan propuestas de trabajo futuro y un análisis de la consecución de los objetivos general y específicos.

Capítulo 2

Metodología y Configuración de los Experimentos

2.1. Revisión de estado del arte y de la literatura

Este trabajo de investigación se inició con un estudio preliminar de las aportaciones de otros investigadores y la bibliografía actual en el campo del análisis de sentimientos y las tecnologías subyacentes.

El punto de partida fue la identificación de algoritmos y herramientas utilizados para el análisis de sentimientos de textos publicados en medios sociales, tanto en artículos de investigación como en otras fuentes de bibliografía publicada. Con este propósito se realizó una búsqueda en medios electrónicos que incluyó bases de datos de la Red de la ciencia (Web of science[1]), biblioteca digital ACM[2], Elsevier Science Direct[61] y Google académico[48]. Por otra parte se localizaron los libros que abordaran el análisis de sentimientos.

La exploración se inició utilizando los términos "análisis de sentimientos" y "minería de opiniones", posteriormente se añadieron, mediante el operador AND, términos de búsqueda hacia investigación más concreta tales como "aprendizaje automático", "procesamiento de lenguaje natural", "PLN", "medios sociales", "críticas", "Twitter", "noticias" y "blogs"[i] . La revisión de artículos de investigación se realizó básicamente en dos etapas. La primera comprendida entre Octubre del 2012 hasta Diciembre de 2013 y la segunda desde Enero hasta Diciembre de 2014.

Se buscó que los artículos incluidos, además de presentar propuestas de análisis de sentimientos para contenidos generados en línea en medios sociales, estuvieran publicados en inglés y en formato electrónico. La premisa para incluir documentos en formato electrónico fue que hay mayor probabilidad de que éstos estén más actualizados y más ampliamente distribuidos que la información impresa.

---

i Puesto que el estado del arte está publicado en su mayoría en inglés, la búsqueda de todos esos términos se realizó con sus equivalentes en este idioma. Así los términos buscados fueron "sentiment analysis", "opinion mining", "machine learning", "natural language processing", "NLP", "social media", "reviews", "news" y "blogs".

Con la intención de realizar este estudio de una forma sistemática, los artículos incluidos en éste se seleccionaron según los siguientes criterios: 1) Búsqueda de artículos con los términos mencionados, 2) Filtrado de artículos en base a la lectura del título y el resumen, 3) Filtrado de artículos en base a la lectura completa del artículo y 4) Selección final de artículos.

Antes de proceder al estudio comparativo de los métodos y los resultados presentados en los artículos seleccionados, éstos se agruparon tomando como base los métodos, los corpus utilizados, los objetivos prácticos de cada investigación y la evaluación de las propuestas. El resultado de este estudio se detalla en el capítulo de contextualización y estado del arte (capítulo 3).

La bibliografía que aborda concretamente el análisis de sentimientos es aún es muy limitada. (Liu, 2012; Pang & Lee, 2008) abordan este tema haciendo un estudio detallado en el que describen el problema y sus implicaciones prácticas. Otros autores, especialmente en temas relacionados con el aprendizaje automático, la minería de datos y el procesamiento de lenguaje natural abordan el análisis de sentimientos mediante casos prácticos o lo mencionan como una aplicación específica de los algoritmos presentados en sus libros (Pustejovsky & Stubbs, 2012; Indurkhya & Damerau, 2010; Bird, Klein, & Loper, 2009; Perkins, 2010).

2.2. Identificación de herramientas de análisis de sentimientos
Las herramientas para análisis de sentimientos se pueden clasificar, en función del acceso a las mismas, como comerciales y de uso libre. Como parte del estudio del estado del arte, se llevó a cabo un breve estudio comparativo de herramientas comerciales y se identificaron aquellas herramientas de uso libre que han sido utilizadas por distintos investigadores con la finalidad de conocer su potencial y su aplicación práctica propuesta.

2.2.1 Herramientas comerciales
Existe una amplia gama de herramientas comerciales de análisis de sentimientos que permiten hacer pruebas con una limitada cantidad de documentos de texto. La mayoría de éstas no han presentado sus enfoques en entornos científicos y no consta que hayan sido evaluadas por otros investigadores. Por tal razón se llevó a cabo un estudio comparativo de herramientas comerciales utilizando un conjunto de 1000 críticas a hoteles de las ciudades de Nueva York y París como banco de pruebas. La cantidad

seleccionada de críticas se debió principalmente a la restricción de llamadas gratuitas a la API de una de las herramientas evaluadas. Tales críticas fueron obtenidas utilizando el Web crawler descrito a detalle en el capítulo 6. Los resultados de este estudio se comentan en el capítulo 3.

Al momento de la redacción de esta memoria, en Abril del 2015 se identificó un estudio publicado en este año (Serrano-Guerrero, Olivas, Romero, & Herrera-Viedma, 2015), en el que se hace un estudio comparativo de 15 herramientas comerciales evaluadas con 1000 críticas a películas. En el siguiente capítulo se comentan también algunos de los resultados y conclusiones de este estudio.

2.2.2 Herramientas y recursos de uso libre

Durante el estudio del estado de arte se detectó un conjunto de herramientas de uso libre, que están disponibles públicamente y que han sido utilizadas reiteradamente por distintos investigadores. Algunas de éstas fueron utilizadas para alcanzar los objetivos de esta investigación. Tal gama de herramientas pueden agruparse principalmente en cuatro subcategorías: a) Herramientas desarrolladas con el propósito específico de realizar análisis de sentimientos o que pueden ser utilizadas con este fin; b) Herramientas de procesamiento de lenguaje natural adecuadas para desarrollar propuestas propias de algoritmos de análisis de sentimientos, c) Léxicos de sentimientos y d) Otros programas misceláneos. Estos últimos incluyen una serie de programas que fue necesario utilizar para diferentes etapas del trabajo de investigación. Tales programas o interfaces para programas de aplicación (API por sus siglas en inglés) son el detector de lenguaje de google (LangDetect), un navegador Web sin interfaz visual (HtmlUnit) y el manipulador de archivos XML (jdom). En la siguiente sección se detalla cuáles fueron las herramientas utilizadas de acuerdo con los objetivos planteados.

2.3. Configuración de los experimentos

2.3.1 Confiabilidad de las herramientas de análisis de sentimientos

En concordancia con el objetivo O1, se realizó una exploración exhaustiva en Internet para localizar aquellas herramientas de análisis de sentimientos de uso libre. Con la finalidad de acotar el ámbito del experimento, se buscó que tales herramientas cumplieran con los siguientes criterios:

a) Uso de Twitter como fuente de corpus.
b) Acceso público y gratuito.
c) Herramientas basadas en Web.
d) Resultados que mostraran porcentajes de polaridad del sentimiento (positivo y negativo, al menos).

Algunas herramientas emiten resultados identificando los sentimientos concretos, en lugar del porcentaje global de polaridad del sentimiento. La clasificación adicional de tales sentimientos en las categorías positivo, negativo y neutro puede aumentar el sesgo y la subjetividad en el proceso, lo que complica la comparación con el resto de las herramientas. Por lo tanto, la intención de buscar que las herramientas emitieran resultados expresados en porcentajes positivo y negativo en función de un objeto (p.ej. un producto o servicio) buscaba evitar estas complicaciones y hacer una mejor comparación de estos resultados.

Aunque algunas de las herramientas seleccionadas para el experimento fueron localizadas de forma individual, la mayoría se identificaron mediante una lista completa y bien organizada de herramientas localizada en sentiment140.com[5].

Para llevar a cabo los experimentos se seleccionaron 20 objetos (productos y servicios). Con la finalidad de reducir la ambigüedad, la lista de objetos se elaboró en coordinación con el grupo de investigadores del IERU (Information Engineering Research Unit) de la Universidad de Alcalá. Estos productos y servicios fueron utilizados en una serie de pruebas realizadas en 3 semanas con las herramientas de análisis de sentimientos seleccionadas.

Los tweets revisados por las herramientas fueron etiquetados (es decir clasificados) por tres expertos humanos. Con esta clasificación cuantificada en porcentajes se realizó una comparación con la finalidad de evaluar la confiabilidad de los resultados de las herramientas. Para este propósito se utilizó el alfa de Cronbach como método estadístico de valoración del acuerdo entre evaluadores.
Las herramientas y sus características, los productos y servicios seleccionados y los experimentos realizados y sus resultados se detallan en el capítulo 4.

2.3.2 Propuesta de software de análisis de sentimientos específico para Tweets

El alcance del segundo objetivo específico (O2) plantea la necesidad de usar herramientas y recursos disponibles que combinados sirvan para el desarrollo de un software para análisis de sentimientos. Principalmente fue necesario un léxico de sentimientos del cual partir para el cálculo de la orientación de sentimientos predominante en los tweets; una suite de herramientas de procesamiento de lenguaje natural y un modelo de etiquetado POS (*part-of-speech tagging model*) adecuado para los tweets.

Para el caso del léxico de sentimientos, el resultado del estudio del estado del arte reveló a SentiWordNet (derivado de WordNet) como el léxico más recurrido en diferentes investigaciones (Véase más detalles en el capítulo 3). En el caso de las herramientas de procesamiento del lenguaje natural, las más completas y disponibles de forma gratuita son principalmente: open-NLP, NLTK y coreNLP. Existen además LingPipe, GATE y JTextPro. Se realizó un breve estudio para determinar la mejor opción para los experimentos y se seleccionó la suite Stanford coreNLP, véanse más detalles en la sección 3.1.3.2.

Se eligieron herramientas de software libre por dos razones: a) Su disponibilidad pública de uso ilimitado y b) Por ser herramientas presentadas en trabajos de investigación que han sido citadas y utilizadas en otros trabajos de investigación.

Con los recursos necesarios seleccionados se desarrolló un software de análisis de sentimientos (que se describe a detalle en el capítulo 5) en concordancia con el objetivo O2. Este software se evaluó utilizando como banco de pruebas aquellos tweet listados por las herramientas en línea que trabajan con Twitter utilizadas en el experimento descrito a detalle en el capítulo 4.

2.3.3 Predicción de calificaciones de hoteles

Con la finalidad de reunir un conjunto de datos suficientemente grande para realizar distintos experimentos de análisis de sentimientos, se desarrolló un Web crawler especializado en recuperar críticas de hoteles del sitio TripAdvisor.com.

A fin de alcanzar el objetivo específico (O3) de esta investigación, se utilizaron dos herramientas de análisis de sentimientos disponibles públicamente para analizar los sentimientos de más de un millón de críticas a 3535 hoteles de 7 de las ciudades más visitadas del mundo. La primera herramienta, OpinionFinder[9] es un compendio de programas que en un principio se desarrollaron de forma independiente y cuya función es en realidad la de detectar subjetividad (Wilson, y otros, 2005). Esta herramienta fue desarrollada por un equipo de investigadores de la universidad de Pittsburg, la universidad Cornell y la universidad de Utha. Entre sus funciones está la de localizar palabras con orientación positiva y negativa. Para realizar esta tarea utiliza un léxico de sentimientos y un algoritmo que evalúa el sentimiento basado en el contexto. Esta característica ha permitido que sus resultados sean utilizados para el análisis de sentimientos (Bollen, Mao, & Zeng, 2011; O'Connor, Balasubramanyan, Routledge, & Smith, 2010; He, Macdonald, & Ounis, 2008). La segunda herramienta, RNTN (The Recursive Neural Tensor Network – Red Tensora Neural Recursiva) fue desarrollada por investigadores de la universidad de Stanford y funciona generando árboles sintácticos de oraciones utilizando una estructura de datos propuesta por los mismos investigadores denominada *sentiment treebank*. Esta herramienta se encuentra adjunta a la suite coreNLP como un módulo (*annotator*) denominado *sentiment*.

Con los recursos utilizados para el desarrollo del programa de análisis de sentimientos descritos en la sección anterior (coreNLP y SentiWordNet), se desarrolló otro programa basado en el método de aprendizaje automático naive Bayes combinado con el uso de léxico de sentimientos para analizar los sentimientos de las mismas críticas a hoteles mencionadas en el párrafo anterior. La finalidad de desarrollar este programa no fue mejorar la eficiencia sino estar en condiciones de comparar el algoritmo naive Bayes con algoritmos más complejos del análisis de sentimientos.

Se desarrolló un modelo de predicción de calificaciones a hoteles basado en los resultados del análisis de sentimientos y se evaluó la confiabilidad de estos comparándolos con las calificaciones reales descargadas también de TripAdvisor.com.

La configuración de los experimentos mencionados, las ciudades elegidas para la descarga de críticas, las herramientas utilizadas para los experimentos y los resultados de estos se describen en el capítulo 6.

Capítulo 3

Contextualización y Estado del Arte

En este capítulo se presentan los resultados de un estudio del estado del arte del análisis de sentimiento como disciplina, así como las tecnologías subyacentes y sus aplicaciones prácticas.

3.1. Análisis de sentimientos

3.1.1. Definición
También conocido como minería de opiniones, el análisis de sentimientos está directamente relacionado con el contenido generado por el usuario en medios sociales y con la extracción de textos (Medhat, Hassan, & Korashy, 2014). En algunas ocasiones se han utilizado otros términos tales como extracción de valoraciones o minería de reseñas para referirse a esta disciplina, sin embargo, estos usos no son precisos (Pang & Lee, 2008).

Aunque los términos "análisis de sentimientos" y "minería de opiniones" han sido ampliamente usados como sinónimos, en sentido estricto en realidad no lo son. Incluso existen algunos estudios que empiezan a apuntar hacia una separación conceptual (Cambria, Schuller, Xia, & Havasi, 2013). Sin embargo, el uso indistinto de cualquiera de ambos términos para referirse a la identificación de opiniones y la orientación positiva o negativa de éstas en un documento es ampliamente aceptado (Liu B. , 2012; Tsytsarau & Palpanas, 2012). En este trabajo se usa el término "análisis de sentimientos" para referirse a la identificación de la orientación positiva o negativa de las opiniones o actitudes de los autores de los textos y se utiliza de forma intercambiable con "minería de opiniones".

Por definición, el análisis de sentimientos puede ser aplicado a cualquier tipo de documentos de texto (Pang & Lee, 2008), sin embargo desde los primeros experimentos realizados por distintos investigadores, esta disciplina ha sido empleada casi de forma exclusiva al análisis de los distintos tipos de textos publicados por usuarios de los servicios Web, más concretamente medios sociales (Tsytsarau & Palpanas, 2012). La definición del análisis de sentimientos puede ser aún más concreta al indicar que su objetivo no es sólo identificar un sentimiento en el texto sino que este sentimiento esté en relación directa con un objeto de opinión, por ejemplo un producto o servicio (Liu B. , 2010; Han, Kamber, & Pei, 2011). El análisis de sentimientos, se considera un caso específico de la minería de textos que a su vez es un caso específico de la minería de datos (Han, Kamber, & Pei, 2011).

Algunos investigadores se han concentrado en la clasificación de textos como positivos o negativos, lo que se conoce como *orientación semántica*, mediante la identificación de los sentimientos o actitudes globales y han contrastado la efectividad de sus algoritmos con la intuición humana (Pang, Lee, & Vaithyanathan, 2002).

Enfoques más ambiciosos del análisis de sentimientos han buscado identificar no sólo la polaridad positiva o negativa de los sentimientos en las opiniones sino los sentimientos mismos y sus características, tales como la magnitud. Algunos ejemplos de esto son (Mishne, 2005) quien usó mensajes en blogs como corpus para identificar el estado del humor de los autores y (Soo-Guan Khoo, Nourbakhsh, & Na, 2012) quienes se enfocaron en identificar sentimientos específicos en noticias relacionadas con la guerra en Irak y las políticas adoptadas por el presidente George W. Bush. Mishne (2005) utilizó una lista de 132 estados del humor predefinidos para clasificar los post como pertenecientes a un estado del humor concreto. Para realizar esta clasificación asociaron determinadas palabras y frases en los post a uno de los estados del humor de la lista. Hay dos rasgos interesantes en la propuesta de Mishne (2005) que se describen en la sección 3.2.1. Los investigadores (Soo-Guan Khoo, Nourbakhsh, & Na, 2012) utilizan la teoría de valoración (conocida en inglés como *appraisal theory*) que utiliza un marco de trabajo de 3 dimensiones: Actitud, graduación y compromiso. La primera identifica actitudes o sentimientos concretos como la ira, el amor, el miedo, los celos, la emoción, la hostilidad y la satisfacción entre otras; la segunda mide el grado de esos sentimientos; y la tercera el grado de compromiso (directo o indirecto) que expresan los autores en la emisión de la opinión. Por otra parte, investigadores como (Scheible, 2010; Lai, 2010) han prestado especial atención a identificar la magnitud de los sentimientos, en este caso mediante el análisis de los superlativos de adjetivos y adverbios en las críticas a productos. Incluso el estudio de los rasgos característicos de la ironía para el análisis de sentimientos ha sido objeto de la propuesta presentada por (Reyes & Rosso, 2012). La mayoría de los algoritmos utilizados en esta investigación han demostrado ser razonablemente efectivos al clasificar los textos con índices de exactitud superiores al 60% (O'Connor, Balasubramanyan, Routledge, & Smith, 2010).

El análisis de sentimientos está considerado como una disciplina compleja por la complejidad inherente del lenguaje humano (deHaaff, 2010; Liu B. , 2010; Pang, Lee, & Vaithyanathan, 2002) y como tal, ha habido diferentes enfoques para abordarlo que combinan métodos de aprendizaje automático principalmente supervisado junto con procesamiento del lenguaje natural y que se apoyan en distintos métodos de recuperación de la información (Soo-Guan Khoo, Nourbakhsh, & Na, 2012). Sin embargo, no todas las propuestas son complejas. Hay algunos enfoques sencillos que han demostrado funcionar con una eficiencia aceptable en escenarios concretos. Algunos ejemplos de estos últimos son la bolsa de palabras y ciertos enfoques bayesianos tales como naive Bayes. Tanto los enfoques simples como los complejos se abordan con más detalle en las siguientes secciones.

En términos generales, la mayor parte de la investigación previa sobre análisis de sentimientos se enfoca hacia la clasificación de documentos de acuerdo con el sentimiento predominante (global) contenido en el texto. Incluso la investigación basada en características (véase sección 3.1.3) ha tenido como objetivo ulterior descubrir el sentimiento predominante en el texto analizado.

Pocos investigadores han centrado su trabajo en determinar el sentimiento no de forma global sino en relación con un objeto de opinión concreto (Jiang, Yu, Zhou, Liu, & Zhao, 2011; Zhang, Ghosh, Dekhil, Hsu, & Liu, 2011). El siguiente ejemplo de un mensaje de Twitter (tweet) expresa su opinión sobre algunos medicamentos:

"Para jaquecas lo mejor es ibuprofeno, es rápido y eficaz, la aspirina no sirve"

Un analizador de sentimientos que clasifique de acuerdo con la orientación semántica predominante, clasificará el mensaje como positivo. Tanto los enfoques más simples, tales como el basado en palabras clave (*keyword-based*) o naive Bayes que consideran aquellas palabras con orientación semántica (*mejor, rápido, eficaz, sirve*) como los enfoques de aprendizaje automático que realizan un análisis frase por frase, encontrarán el mensaje predominantemente positivo. Esto sucederá a menos que se diseñe el algoritmo para encontrar el sentimiento en relación directa con un objeto de opinión, por ejemplo la Aspirina. Un analizador que se centre en detectar el sentimiento relacionado directamente con el objeto de opinión podría descubrir que sólo la palabra (verbo en este caso) "sirve" está relacionada directamente con la "aspirina" y que además está previamente negado es decir "no sirve" lo que es una evidente manifestación de opinión negativa.

En relación a esta clasificación de sentimientos directamente asociados a un objeto de opinión, algunos autores (Jiang, Yu, Zhou, Liu, & Zhao, 2011) presentaron lo que denominaron una clasificación dependiente del objeto de opinión (*target-dependent classification*) en tres fases. En la primera fase realizan una clasificación de subjetividad, en la cual separan los mensajes (*tweets*) que consideran objetivos de aquellos que identifican con opinión (subjetivos). En la segunda etapa realizan una clasificación de polaridad (orientación semántica) y etiquetan los tweets como positivos o negativos. En la tercera etapa llevan a cabo un ajuste fino de la clasificación mediante el uso de un grafo, etapa a la cual denominan "optimización basada en grafo". Para las dos primeras fases del proceso utilizan una máquina de vectores de soporte binaria. Este es un método de aprendizaje automático que se describe en la sección 3.2.1. Para el caso específico de su experimento, los citados autores reportan una eficiencia del 83.9%.

Otra investigación que se enfoca en detectar el sentimiento del texto (tweets) en relación directa con un objeto de opinión es la presentada por (Zhang, Ghosh, Dekhil, Hsu, & Liu, 2011) quienes proponen un método que combina un enfoque basado en léxico de sentimientos con un enfoque basado en aprendizaje para mejorar la eficiencia en dos fases. En la primera, el método realiza un análisis de sentimientos por entidades, usando el léxico de sentimientos que identifica aquellos tweets subjetivos y los clasifica como positivos o negativos, esta etapa no logra identificar todos los tweet subjetivos por lo que en la segunda etapa realiza un ajuste más fino identificando tweets que contengan términos no incluidos en el léxico de sentimientos y que por lo tanto no tengan polaridad asignada. Esos términos no calificados se evalúan con una prueba chi-cuadrado con el objeto de identificar la probabilidad de que sean positivos o negativos y se ajusta la clasificación del tweet en función de los resultados. La eficiencia reportada de esta propuesta es de 85.4%.

Debido a la falta de conjuntos de datos públicos disponibles con las características necesarias para llevar a cabos los experimentos, ambos estudios utilizaron tweets extraídos con la interface para programa de aplicación (API) de Twitter. Ambos enfoques proponen dos etapas para la clasificación más precisa de los mensajes. Las eficiencias reportadas son buenas pero no se evalúa la eficiencia en función del consumo de tiempo y de recursos de cómputo necesarios para el doble procesamiento implicado en sus propuestas.

3.1.2. Aplicaciones y consideraciones adicionales

El análisis de sentimientos, actitudes, emociones o juicios subjetivos en textos con opinión tiene diversas aplicaciones prácticas en diferentes ámbitos. En el ámbito político se ha utilizado para examinar las opiniones en medios sociales sobre candidatos presidenciales y su desempeño laboral (O'Connor, Balasubramanyan, Routledge, & Smith, 2010); en el ámbito económico y financiero para explorar la factibilidad de predecir el comportamiento del mercado bursátil usando los comentarios de usuarios de Twitter (Mittal & Goel, 2012); y en el ámbito comercial para evaluar tendencia de marcas y la aceptación de productos (Jansen, 2009; Melville, Gryc, & Lawrence, 2009).

La legibilidad de los textos disponibles es otro aspecto relevante que se debe considerar en el análisis de sentimientos, especialmente cuando se trabaja con corpus con características especiales como es el caso de los *tweets*. Ha sido demostrado que la legibilidad de las críticas en texto tiene una influencia directa en la utilidad de esas mismas críticas (Korfiatis, García-Bariocanal, & Sánchez-Alonso, 2012). Considerando esto, el uso de los tweets como corpus representa un reto para los investigadores. Se profundiza más en las características de Twitter y en su uso para el análisis de sentimientos en la sección 3.5 de este mismo capítulo.

3.1.3. Herramientas y recursos

3.1.3.1 Comerciales

Existen varias herramientas comerciales de análisis de sentimientos que ofrecen diferentes servicios, tales como el análisis de tendencias, la extracción de características de los objetos de opinión más comentados, la agrupación de sentimientos, emociones, actitudes e incluso el análisis de ironía. Algunas de las herramientas más populares son: AlchemyAPI[27], Lymbix[32], openAmplify[34], Repustate[47], Semantria[14], SentimentAnalizer[15], SentiRate[17], Sentimetrix[36]. La mayoría de éstas ofrecen el uso gratuito de prueba de la interfaz de programa de aplicación (API) permitiendo a los usuarios enviar un archivo de texto o capturar el texto directamente. La mayoría de estas herramientas utilizan técnicas de procesamiento de lenguaje natural y aprendizaje automático supervisado (Serrano-Guerrero, Olivas, Romero, & Herrera-Viedma, 2015).

Al inicio de esta investigación, no existía un estudio que comparativo de herramientas comerciales, por lo que se realizó un breve estudio con tres herramientas comerciales: Lymbix, Repustate y Text processing.

3.1.3.2 De uso libres
Tal como fue descrito en la metodología, las herramientas y recursos de análisis de sentimientos pueden clasificarse de la siguiente manera:

a) Herramientas desarrolladas con el propósito específico de realizar análisis de sentimientos o que pueden ser utilizadas con este fin;
b) Herramientas de procesamiento de lenguaje natural adecuadas para desarrollar propuestas propias de algoritmos de análisis de sentimientos,
c) Léxicos de sentimientos y
d) Otros programas misceláneos.

Las herramientas de análisis de sentimientos se de uso gratuito ofrecen la interface de programa de aplicación básicamente de dos formas: a) A través de una página Web y b) Como un módulo en una suite de herramientas de procesamiento de lenguaje natural.

En el capítulo 4 se presentan las herramientas gratuitas que ofrecen una interfaz Web para permitir al usuario indicar una consulta (que puede ser el nombre de un producto, un servicio, etc.) y presentar los resultados del análisis de sentimientos en tweets o en mensajes de otros medios sociales en relación con la consulta.

Algunas herramientas comerciales descritas en la sección (3.1.3.1) ofrecen el uso gratuito con una restricción de uso medido en función de la cantidad de mensajes, de palabras por mensaje o ambos.

Las suites de procesamiento del lenguaje natural disponible para uso gratuito identificadas fueron: NLTK y coreNLP. Existen además LingPipe, GATE y JTextPro.

No existe hasta este momento un estudio exhaustivo de las características de estas suites de herramientas que identifiquen como más eficientes, más rápidas o que consuman menos recursos a algunas sobre las demás. El único estudio encontrado (Karlin, 2012) señala a openNLP y coreNLP como más rápidas, eficientes y que consumen menos recursos. Sin embargo, algunas de las características evaluadas dejan margen para la ambigüedad. Por ejemplo, los experimentos de procesamiento siempre fueron los mismos en un escenario particular (la computadora personal del investigador y el mismo conjunto de datos) por lo que no se conoce si en escenarios distintos (i.e. otra computadora, datos distintos o conjuntos de datos más grandes), alguna otra herramienta podría resultar más eficiente.

Lo que resulta reiterado al visitar distintos foros de desarrolladores, tales como Quora[59], StackOverflow[22] y LinkedIn[56], es que la decisión puede ser subjetiva y depende de las necesidades de cada problema. Dada la experiencia presentada en la sección 2.4 y las necesidades del problema específico, se optó por usar coreNLP por las siguientes razones:

a) Posee las herramientas necesarias para el desarrollo de la propuesta.
b) Facilidad de uso y de integración con Java.
c) Está abierto a la modificación de los modelos utilizados en sus módulos (*annotators*). Específicamente permite sustituir el modelo POS por uno especializado en Twitter.
d) Los resultados que emite el analizador sintáctico y gramatical se presentan en modelos que han sido evaluados como rápidos, precisos y sencillos de usar (Chen & Manning, 2014).
e) Contiene un módulo (denominado *annotator* en la terminología del proyecto Stanford coreNLP) para análisis de sentimientos.

Por último se utilizó el etiquetador POS especializado en Twitter que es parte de la suite para procesamiento de texto GATE[41] por estar disponible públicamente para uso libre y por su fácil integración con coreNLP. Este modelo ha sido evaluado para su uso en el reconocimiento de elementos del lenguaje en mensajes de Twitter con una alta eficiencia de 97.5% (Derczynski, Ritter, Clark, & Bontcheva, 2013).

45

Los léxicos utilizados en el análisis de sentimientos son principalmente Seti-WordNet y MPQA. Otros identificados son inquirer, DAL, MSOL y SentiStrength. Todos ellos son descritos en relación con la investigación en la que están involucrados en la sección 3.4.

3.1.4. Nivel de análisis
Desde el punto de vista de la amplitud a la que se realiza el análisis de sentimientos en los textos, se pueden considerar tres niveles (Liu B. , 2012; Pang & Lee, 2008):

a) Análisis a nivel de documento.
b) Análisis a nivel de oración.
c) Análisis a nivel de frases.

En el análisis a nivel de documento la clasificación se hace de forma global, considerando el documento como una unidad básica de información (Beineke, Hastie, & Vaithyanathan, 2004). Se asume que los documentos (por ejemplo, las críticas a productos y servicios) contienen opiniones. De esta forma, la tarea principal es la identificación del sentimiento o actitud positiva o negativa global en todo el documento.

El análisis a nivel de oración (Ganu, Elhadad, & Marian, 2009) no asume que las oraciones contienen opiniones por lo que es común que en una primera etapa se separen aquellas oraciones que expresan opiniones de aquellas que expresan hechos, es decir, que se realice una clasificación de subjetividad (Liu B. , 2010). La clasificación a nivel de oración no es excluyente de la clasificación a nivel de documento, de hecho, se considera a la primera como un paso intermedio más fino hacia un análisis más preciso del sentimiento en un documento (Pang & Lee, 2008).

El análisis a nivel de frase es un proceso aún más fino hacia la clasificación de oraciones y documentos, e implica una revisión gramatical y semántica (Agarwal, Biadsy, & Mckeown, 2009). Este tipo de análisis hace uso de la lingüística computacional para identificar la estructura de las oraciones (Pang & Lee, 2008). Llamado también "análisis a nivel de clausula", ha sido utilizado por investigadores como (Wilson, Wiebe, & Hoffmann, 2005) quienes presentaron una propuesta para identificar la subjetividad y objetividad en oraciones de un grupo de documentos. Para lograr esto, anotaron manualmente la polaridad contextual de casi 16.000 expresiones subjetivas. El conjunto de datos de prueba (las oraciones de los documentos) se comparó con los patrones aprendidos para determinar primero si las frases eran subjetivas u objetivas, y después para detectar la orientación semántica (positiva o negativa) de aquellas que fueron identificadas como subjetivas. Este léxico de palabras y frases (expresiones de subjetividad) propuesto por estos investigadores fue utilizado en el desarrollo de OpinionFinder[9], un programa para clasificación de subjetividad.

3.1.5. Análisis de sentimientos basado en características

Además de la clasificación de los documentos de texto por su orientación semántica (positiva o negativa) y de acuerdo con sentimientos concretos, hay una tarea especial a la que se asocia el análisis de sentimientos: el análisis basado en características (o *feature-level analysis*, como se conoce en inglés). No se trata de un análisis más fino y por esa razón no se incluye en la clasificación de la sección anterior. El análisis basado en características tiene un propósito distinto al nivel de detalle en el análisis de sentimientos (Pang & Lee, 2008). Tanto los análisis a nivel de documento, como a nivel de oración y de frase tienen la finalidad de identificar la orientación semántica (polaridad del sentimiento) o los sentimientos mismos de los documentos, pero no identificar qué es lo que les gusta o lo que nos les gusta a los autores de los documentos de texto con opinión (Liu B. , 2012). El análisis de características, o de aspectos como también se le conoce (*aspect-level*), se basa en la idea de que una opinión se compone de un sentimiento y de un objeto de opinión (*target* en la terminología sajona del análisis de sentimientos). Asumiendo que la opinión emitida hacia una característica específica del objeto de opinión es también una opinión hacia el objeto en sí, el análisis basado en características extiende su ámbito a todos los aspectos opinados del objeto (Hu & Liu, 2004). Por lo tanto otra meta importante de este tipo de análisis es encontrar aquellas características de los objetos de opinión, que están siendo calificados positiva o negativamente. La siguiente oración es un ejemplo ilustrativo de este problema:

"La Toshiba Tecra trabaja bien pero tiene un teclado que frecuentemente falla"

El autor de esta crítica claramente emite dos opiniones, una general y positiva hacia el objeto de opinión y otra negativa hacia una característica concreta del objeto, su teclado. Otro ejemplo más completo sería la siguiente crítica a un hotel:

"El personal fue muy atento y amable, la habitación cómoda, bien iluminada y muy bonita, el servicio de limpieza de lo mejor, el único problema fue el acceso a Internet, que era muy lento o no estaba disponible".

El autor de la crítica está calificando cuatro características del hotel: El personal, la habitación, el servicio de limpieza y el acceso a Internet. Un análisis a nivel de frases, a nivel de oraciones o a nivel de documento clasificaría esta crítica como positiva por su predominante orientación del sentimiento. Sin embargo, un análisis basado en características tendría que identificar cuáles atributos le gustan a los usuarios y cuáles no, ya que la opinión no es uniformemente positiva para todas ellas.

La investigación sobre análisis de sentimientos que se basa en la identificación de características es diversa. (Yu, Wu, Chang, & Chu, 2013) presentan una propuesta en relación con el análisis de sentimientos que además de clasificar documentos según su orientación semántica busca identificar emociones concretas y sus intensidades tratándolas como características del sentimiento. Esta propuesta se describe con mayor detalle en la sección 3.2.3 de aprendizaje semisupervisado.

Otros investigadores (Duric & Song, 2012) proponen un modelo de clasificación a nivel de documento en la que las características son los términos que expresan orientación semántica, principalmente adjetivos, adverbios, verbos y sustantivos. Trabajando con un conjunto de críticas a películas, su propuesta separa objetos de opinión y expresiones subjetivas utilizando el modelo oculto de Markov (Hidden Markov Model - HMM) y asignación Dirichlet latente (Latent Dirichlet Allocation - LDA). HMM-LDA es una técnica que modela tópicos y estructuras sintácticas simultáneamente de un grupo de documentos. Mediante esta técnica los autores identifican las expresiones más significativas de opinión positiva o negativa y las etiquetan. Utilizan esas expresiones identificadas con orientación semántica como datos de entrenamiento para clasificar otro conjunto de críticas con un algoritmo de entropía máxima. Su propuesta obtiene una eficiencia competitiva con otros métodos de aprendizaje completamente supervisado.

(Ganu, Elhadad, & Marian, 2009) utilizaron críticas a restaurantes para hacer un análisis de sentimientos basado en los principales servicios detectados como características. Clasificaron estas características en seis categorías: comida, servicio, precio, ambiente, anécdotas y otros. Con estas categorías realizaron un análisis a nivel de oraciones utilizando el porcentaje positivo de oraciones (PSP – *positive sentence percentage*) para calcular las estrellas, de 1 a 5, para cada restaurante. Para la evaluación de sus resultados utilizaron la calificación que los usuarios asignan a los restaurantes alcanzando buena eficiencia (hasta de un 79.42%).

La propuesta de (Reyes & Rosso, 2012) es aún más ambiciosa, puesto que utiliza el análisis basado en características para detectar la ironía en un conjunto de críticas de productos. Los autores utilizaron un determinado conjunto de críticas que se asumieron como irónicas por ser bien conocidas en Amazon por tener esa tendencia, y las etiquetaron manualmente con la finalidad de buscar en éstas elementos de ironía. Su objetivo fue definir un modelo de características que representara la información subjetiva contenida en estas críticas e intentar describir aquellos rasgos representativos de ironía. Considerando a la ironía como una expresión de crítica negativa expresada en términos positivos y habiendo identificado los rasgos representativos de ironía, clasificaron otro conjunto de datos por su orientación semántica. Para esta clasificación utilizaron tres algoritmos de aprendizaje supervisado: naive Bayes, máquinas de vectores de soporte y árboles de decisión, obteniendo resultados satisfactorios entre 72% hasta 89% de eficiencia (*accuracy*).

Otra investigación sobre el análisis de características con el propósito de clasificar críticas de productos (en este caso de un libro particular) en función de su orientación semántica es la realizada por (Chen, Ibekwe-SanJuan, SanJuan, & Weaver, 2006), quienes identifican los términos más representativos de las opiniones tanto positivas como negativas. Por la naturaleza del algoritmo utilizado (árbol de decisión) este trabajo se describe con más detalle en la sección de aprendizaje supervisado (3.2.1).

(Fan & Chang, 2011) analizaron blogs en función de las características para detectar los intereses de los usuarios y mejorar la publicidad contextual. Para este análisis utilizaron datos que los mismos usuarios proporcionaron ya que los proveedores de servicios de blogs solicitan dichos datos durante el proceso de registro con la finalidad de establecer su perfil. Tales datos indican preferencias en música, películas y lectura, entre otros. Puesto que estos investigadores utilizaron máquina de vectores de soporte para la clasificación de los tweets en base al sentimiento, su trabajo se describe en la sección de aprendizaje supervisado.

Un análisis basado en características puede producir un resumen y agrupación estructurada acerca de los objetos y de sus características sobre las que se está opinando, que incluya la orientación semántica positiva o negativa o los sentimientos concretos asociados a estas características. Esto puede convertir un texto no estructurado en datos estructurados que pueden ser usados para varios tipos de análisis cualitativo y cuantitativo. Resultados como estos pueden ser útiles para estrategias de mercadotecnia tales como el boca a boca electrónico (Liu B. , 2010).

La idea de que una opinión se conforma por un sentimiento y un objeto de opinión sirvió de motivación para el objetivo O2.2 que se documenta en el capítulo 5. Si es posible identificar las características del objeto que le gustan o que no le gustan al autor de las críticas, también puede ser posible que se identifique el vocabulario concreto que se usa cuando un objeto de opinión es calificado positiva o negativamente.

3.1.6. Clasificación de métodos

Los métodos utilizados para el análisis de sentimientos se pueden clasificar básicamente en dos grupos: Métodos basados en aprendizaje automático y métodos basados en léxicos de sentimientos. La figura 3.1 muestra la adaptación de un buen esquema de clasificación de los métodos de análisis de sentimientos utilizados en el estado del arte propuesto por (Medhat, Hassan, & Korashy, 2014). Este esquema se adaptó para incluir exclusivamente investigación sobre análisis de sentimientos. El esquema original no distingue como un tipo distinto aquellos métodos de aprendizaje semisupervisados (señalado con asterisco) por lo que esta clasificación se agregó al esquema.

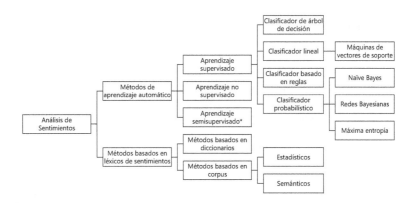

Figura 3.1. Clasificación de Métodos de análisis de sentimientos.

3.1.7. Corpora

En relación a los corpus utilizados en distintas investigaciones, la mayoría se ha enfocado en contenido generado por los usuarios de distintos servicios Web, especialmente medios sociales, es por esta razón que algunos autores adscriben el análisis de sentimientos dentro del ámbito de los medios sociales (Tsytsarau & Palpanas, 2012).

Los contenidos generados por los usuarios más utilizados han sido las críticas de productos y servicio obtenidos de blogs y de sitios de opinión (tales como Amazon, TripAdvisor y Epinion), los mensajes de Twitter (tweets), las noticias y los blogs (véase tabla comparativa en la sección 3.7).

En relación a las características individuales de los corpus, existe una característica bien identificada en la investigación realizada con críticas de productos. Algunos de los experimentos son considerados como *dependientes del dominio* (Alpaydin, 2014) dado que el vocabulario utilizado es muy específico del ámbito al que corresponden las críticas. Por ejemplo, las críticas a restaurantes y a películas (Ganu, Elhadad, & Marian, 2009; Beineke, Hastie, & Vaithyanathan, 2004), las noticias sobre el mercado de valores (Yu, Wu, Chang, & Chu, 2013) y sobre acontecimientos políticos (Soo-Guan Khoo, Nourbakhsh, & Na, 2012), mientras que otros estudios son considerados como *indepen-*

dientes del dominio, y realizan de hecho experimentos con datos de diferentes dominios, por ejemplo (Melville, Gryc, & Lawrence, 2009) quienes trabajaron con blogs con críticas de productos y de candidatos políticos.

Otra peculiaridad de algunos corpus que ha sido aprovechada por algunos investigadores son los metadatos relacionados con los textos analizados que por su naturaleza expresan un sentimiento o actitud hacia el objeto de opinión. Algunos ejemplos de ello son los siguientes:

- (Dave, Lawrence, & Pennock, 2003) utilizan la expresión binaria de satisfacción (pulgar arriba) o de insatisfacción (pulgar abajo) de los usuarios de artículos para entrenar a su algoritmo.
- (Mishne, 2005) utilizó un dato opcional proporcionado por los usuarios de los blogs al momento de emitir su mensaje: el estado de humor. Este estado del humor es utilizado para entrenar al clasificador.
- (Bollen, Mao, & Zeng, 2011) y (Makrehchi, Shah, & Liao, 2013) asumieron que los tweets de cuentas relacionadas con determinadas acciones de la bolsa de valores eran positivas cuando las acciones subían y negativas cuando las acciones bajaban. Utilizaron estos datos para entrenar a sus algoritmos.

La particularidad de usar metadatos como datos de entrenamiento se considera propio de los algoritmos de aprendizaje semisupervisado y se describe más a detalles en la sección 3.2.3.

3.2. Aprendizaje automático (Machine Learning)

Desde el inicio del análisis de sentimientos como disciplina con las características actuales, los investigadores se han servido de los algoritmos de aprendizaje automático para realizar experimentos encaminados a mejorar la tarea de clasificación de textos en escenarios específicos (Vinodhini & Chandrasekaran, 2012). Con la finalidad de abordar esta parte de la contextualización de una manera estructurada, se hace referencia a la clasificación de métodos de aprendizaje automático presentada por (Medhat, Hassan, & Korashy, 2014) que se muestra en la figura 3.1 la cual ha sido adaptada a esta investigación.

En un contexto general de las ciencias computacionales, se dice que el aprendizaje automático se da cuando un programa es capaz de aprender de un conjunto de experiencias *E* con respecto a una tarea específica *T* y una medida de rendimiento *P*, de tal modo que su desempeño en *T*, medida en P, mejora con la experiencia *E*. (Bell, 2014)

De una manera simplificada podríamos decir que el aprendizaje automático son programas de computadora para optimizar criterios de rendimiento usando datos de ejemplo o experiencias pasadas (Alpaydin, 2014).

Los algoritmos de aprendizaje automático para el análisis de sentimientos han sido implementados utilizando contenido generado por el usuario obtenido de diversos medios sociales principalmente blogs (Mishne, 2005), noticias (Bai, 2011), microblogs (Makrehchi, Shah, & Liao, 2013) y críticas a productos y servicios (Ganu, Elhadad, & Marian, 2009).

3.2.1. Aprendizaje supervisado
En el ámbito concreto del análisis de sentimientos, un algoritmo de aprendizaje automático supervisado aprende de un conjunto de datos (ej. documentos de texto) cómo debe clasificar otro conjunto de datos.

Estos algoritmos requieren una primera etapa de entrenamiento en la que se alimenta la base de datos con ejemplos de entradas previamente etiquetadas. Este etiquetado o anotación, implica el trabajo manual (humano) de clasificar las entradas. Esta primera etapa dota de conocimiento al algoritmo para clasificar nuevas entradas o predecir a qué categoría pertenecen (Bell, 2014).

El proceso de entrenamiento implica la selección de las características que representarán a los casos positivos. En el caso de datos de entrenamiento estructurados, se trata de elegir aquellas variables cuyos valores específicos definan de forma positiva a la clase. Digamos por ejemplo que se trata de entrenar a un algoritmo para que distinga a un auto familiar (clase f) del resto de autos. Por consenso de un grupo de expertos se define que las variables que distinguen a este tipo de autos son "potencia del motor" y "precio". Durante el entrenamiento, el algoritmo aprende el rango de valores que tienen ambas variables para la clase f. Al evaluar las características de nuevos auto, el algoritmo debe evaluar esas variables y decidir si éste pertenece (positivo) a la clase f, es decir, si es un auto familiar o no (negativo) (Alpaydin, 2014). En el caso de los datos no estructurados, como es el procesamiento de textos, para identificar las características que representan a una clase específica se buscan fragmentos de texto (n-gramas) representativos compuestos de una palabra (unigramas), de dos (bigramas), de tres (trigramas) o más; o se pueden identificar etiquetas POS o patrones compuestos de tipos concretos de etiquetas POS.

El etiquetado manual es una tarea exhaustiva y generalmente costosa, especialmente cuando se trata de miles de entradas que deben clasificarse una por una, por lo que en los últimos años, varios investigadores han experimentado con métodos automáticos para el entrenamiento usando datos que tienen asociada previamente una clase o un hecho. Esta variación del aprendizaje supervisado ha sido llamada aprendizaje semisupervisado (Zhu X. , 2005) y se aborda con más detalle en la sección 3.2.3.

La tarea del análisis de sentimientos es clasificar documentos como pertenecientes a una clase que puede ser la polaridad positiva, negativa o neutra del sentimiento (Pang, Lee, & Vaithyanathan, 2002), o bien un sentimiento concreto como tranquilidad, calma, alegría, amabilidad, etc. (Soo-Guan Khoo, Nourbakhsh, & Na, 2012; Mishne, 2005). Abordar esta clasificación mediante el aprendizaje automático supervisado requiere dos conjuntos de documentos o textos. El primer conjunto, denominado de *entrenamiento*, es utilizado por el clasificador automático para *aprender* las características particulares de los documentos pertenecientes a una clase concreta y previamente definida. El clasificador utiliza esas características aprendidas para crear modelos o patrones que usará posteriormente. El segundo conjunto denominado de prueba es utilizado para evaluar el desempeño del clasificador. Durante el proceso de evaluación, el clasificador utiliza los modelos o patrones creados en la etapa de entrenamiento para predecir o clasificar los nuevos datos del conjunto de prueba (Vinodhini & Chandrasekaran, 2012).

La figura 3.2 ilustra este proceso.

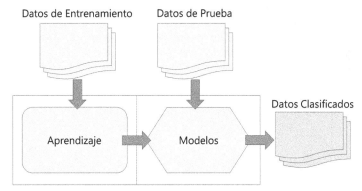

Figura 3.2. Aprendizaje automático Supervisado.

Los algoritmos más comunes de aprendizaje automático supervisado utilizados para el análisis de sentimientos han sido el de naive Bayes, el de entropía máxima y las máquinas de vectores de soporte. Otros algoritmos que han sido utilizados en utilizados son los árboles de decisión y las Redes Bayesianas (p.ej. modelo de Markov). A continuación los analizaremos brevemente.

3.2.1.1 Árbol de decisiones

Conceptualmente un árbol de decisión es sencillo de implementar, residiendo en esta sencillez todo su poder. Un árbol binario de hecho es considerado como una de las estructuras de datos más poderosos de las ciencias computacionales (Marsland, 2014). El objetivo de un árbol de decisión es crear un modelo para predecir el valor de una variable basándose en los valores de un conjunto de variables de entrada.

Un árbol está compuesto de nodos internos de decisión (incluido el nodo raíz) y hojas terminales. Los nodos de decisión implementan funciones de evaluación cuyos resultados discretos son las etiquetas de sus ramas. Los nodos hoja representan el valor final (es decir las clases posibles) basados en todos los valores dados de la variable de entrada en la ruta desde el nodo raíz hasta esa hoja en particular (Alpaydin, 2014).

La siguiente figura muestra cómo los nodos de decisión están asociados a funciones que evalúan los valores de las variables (características del objeto) mientras que la función de los nodos hoja es asignar un valor, en este caso una clase al objeto cuyas características se evalúan.

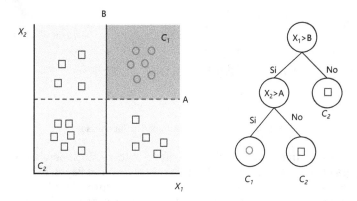

Figura 3.3. Representación de un conjunto de datos y su árbol de decisión.

Los clasificadores basados en árboles de decisión descomponen el conjunto de datos de entrenamiento de forma jerárquica utilizando condiciones en los valores de los atributos para esta separación de los datos. La división del conjunto de datos se realiza de forma recursiva hasta que los nodos hoja contengan un número mínimo de registros los cuales son usados para la clasificación (Medhat, Hassan, & Korashy, 2014).

El aprendizaje supervisado basado en árboles de decisión no es una de las opciones más recurridas por los investigadores del análisis de sentimientos en la presentación de nuevas propuestas, y prueba de esto es que ha sido utilizado más para evaluar la eficiencia de otras propuestas que como base de propuestas nuevas (Reyes & Rosso, 2012; Lane, Clarke, & Hender, 2012; Annett & Kondrak, 2008).

(Chen, Ibekwe-SanJuan, SanJuan, & Weaver, 2006) presentan un algoritmo basado en árboles de decisión que se concentra en detectar características (palabras y expresiones) diferenciadoras de opiniones positivas y negativas. Estos autores realizaron un estudio del problema centrándose en opiniones contradictorias con un corpus de críticas del libro "el código Da Vinci" (Brown, 2004). La principal meta de su trabajo fue identificar los términos que pueden predecir de forma más eficaz la orientación semántica de las críticas. Otra de las metas de esta investigación fue utilizar los resultados para representar de forma visual las opiniones contradictorias. Un dato interesante sobre esta investigación fue la detección en el gráfico de distribución de polaridad de una amplia variación en las expresiones de opiniones negativas. Al buscar las razones, los investigadores descubrieron que las críticas negativas son generalmente más detalladas y específicas que las positivas, y como resultado de ello, el desempeño de un algoritmo que no considere esta variación puede tener un comportamiento distinto con opiniones positivas que con las negativas.

AdaBoost (diminutivo de *adaptive boosting*) es un algoritmo basado en árboles de decisión que utilizan los resultados de otros algoritmos de aprendizaje débil, es decir con probabilidad de error menor al 50% (Alpaydin, 2014). Este algoritmo fue utilizado por (Kouloumpis, Wilson, & Moore, 2011), quienes usaron como aprendizaje débil un conjunto de tweets que incluían hashtags previamente seleccionados y etiquetados como indicadores de sentimiento positivo o negativo. En esta propuesta, los acrónimos y la repetición de letras en las palabras se consideraron indicadores de intensidad del sentimiento. Para la extracción de características usaron unigramas y bigramas que etiquetaron con orientación positiva, negativa y neutra utilizando el léxico de subjetividad MPQA (descrito en la sección 3.4). Su propuesta fue evaluada con otro conjunto de tweets alcanzando una eficiencia de 75%.

3.2.1.2 Clasificadores lineales
Un clasificador lineal como todo método de clasificación basado en el aprendizaje automático utiliza las características identificadas de un objeto para decidir a qué clase pertenece. Esta decisión se basa en el valor de la combinación lineal de dos vectores: el vector de características y un vector de coeficientes. Mientras que el vector de características es alimentado por las características inherentes al objeto, el vector de coeficientes se genera durante el proceso de entrenamiento (Medhat, Hassan, & Korashy, 2014).

En un problema de clasificación binaria, tal como el ejemplo del análisis de sentimientos enfocado a identificar la orientación semántica de textos con opinión, se utiliza un clasificador lineal para establecer la posición del objeto en un espacio de clases, es decir, se busca descubrir la clase a la que pertenece (positiva o negativa) y se busca que exista una separación clara entre las dos clases utilizando un hiperplano (Bell, 2014).

El clasificador lineal más utilizado en el análisis de sentimientos es la máquina de vectores de soporte (SVM).

3.2.1.2.1 Máquinas de vectores de soporte (SVM)

El principio central de este método es la identificación del hiperplano que separe de la mejor manera el espacio entre las clases. El mejor hiperplano es aquel que provee la separación más larga entre cualquiera de los puntos disminuyendo así la probabilidad de error de generalización del clasificador (Bell, 2014).

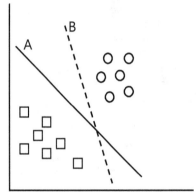

Figura 3.4. Representación del hiperplano en un problema de dos clases.

La figura 3.4 representa A como el mejor hiperplano debido a que es la separación que proporciona la distancia más larga entre cualquiera de los puntos entre las distintas clases.

Las máquinas de vectores de soporte son una solución que se ajusta muy bien al problema de clasificación de textos por la naturaleza dispersa de estos, en donde algunas características son irrelevantes pero tienden a correlacionarse unas con otras y generalmente se organizan en categorías linealmente separables. Debido a esto, este método ha sido muy recurrido por distintos investigadores del análisis de sentimientos (Medhat, Hassan, & Korashy, 2014).

Uno de los primeros trabajos en la disciplina del análisis de sentimientos que sentó precedentes para investigaciones posteriores fue la presentada por (Pang, Lee, & Vaithyanathan, 2002) quienes utilizaron tres algoritmos de aprendizaje supervisado, a saber, máquina de vectores de soporte, naive Bayes y entropía máxima, para clasificar críticas de películas en función de la orientación semántica del sentimiento. Con un conjunto de críticas de películas extraídas de IMDB[13] como corpus, utilizaron la calificación numérica global de las películas como dato de entrenamiento transformando el número en una de tres categorías: positivo, negativo y neutro, de las cuales sólo usaron las dos primeras. Uno de los experimentos de esta investigación se realizó con la intención de evaluar la eficiencia del conteo de palabras con orientación positiva o negativa en comparación con los métodos de aprendizaje automático. El experimento consistió en crear dos listas de palabras con orientación positiva y negativa y calificar las críticas mediante el conteo de palabras positivas y negativas contenidas en éstas. Ese experimento alcanzó una eficiencia máxima del 64%. Para evaluar su propuesta extrajeron una lista de palabras (unigramas) y frases de dos palabras (bigramas) que registraron en vectores de frecuencia etiquetados en las clases positivo y negativo. Estos vectores de frecuencias se utilizaron con los algoritmos de aprendizaje automático y se obtuvieron tasas de eficiencia entre el 77% y el 82.9%, es decir superior al simple conteo de palabras. La eficiencia más alta fue alcanzada por las máquinas de vectores de soporte.

(Pang & Lee, 2004) publicaron otra propuesta para optimizar el proceso de análisis de sentimientos al considerar sólo fragmentos subjetivos en lugar del texto completo de un conjunto de críticas de películas. Utilizaron como algoritmos de clasificación naive Bayes y máquinas de vectores de soporte. Para sus experimentos utilizaron dos conjuntos de datos, ambas de críticas de películas. El conjunto de entrenamiento consistió de 5000 oraciones subjetivas extraídas de críticas de películas, recopiladas del sitio rottentomates. com[60] las cuales contenían la calificación previa y 5000 oraciones neutras obtenidas de las sinopsis de películas obtenidas de IMDB[54]. El conjunto de datos de prueba fueron 1000 críticas positivas y 1000 negativas previamente calificadas en una escala del 1 al 4. Con esta última calificación realizaron la evaluación de los algoritmos obteniendo índices de eficiencia entre 86.4% y 87.2%.

En otra investigación que ha sido también ampliamente citada (Pang & Lee, 2005), los mismos autores utilizaron máquinas de vectores de soporte para clasificar un conjunto de críticas de películas. En su diseño combinan las características del aprendizaje automático supervisado con lo que denominan "etiquetado métrico" para presentar un metaclasificador que toma los resultados de la máquina de vectores de soporte y los afina para asegurarse de que productos similares obtengan etiquetas similares. El objetivo de su propuesta no es clasificar las películas como positivas o negativas sino asignarle una calificación en una escala del 1 al 4 (desde insatisfecho hasta muy satisfecho). Su metaclasificador utiliza también el concepto de porcentaje positivo de oraciones que combinado con el aprendizaje automático se demuestra que puede ayudar a generar mejores resultados que el uso de las técnicas independientes.

(Gamon, 2004), en una de las primeras investigaciones que usaron un enfoque lingüístico del procesamiento del lenguaje natural, exploró la probabilidad de que la eficiencia del análisis de sentimientos mejore cuando se realiza un análisis profundo en contraposición al habitual análisis superficial del lenguaje. El software utilizado es un desarrollo de Microsoft NLPWin[12] que genera trigramas POS con metainformación gramatical tal como la distinción de patrones verbo-sujeto-sustantivo y la identificación de frases (nominales, adverbiales, adjetivales y preposicionales). Utilizando un banco de datos con más de 40 mil comentarios de retroalimentación de artículos, usó máquinas de vectores de soporte para clasificar los comentarios. En lugar de etiquetar manualmente el conjunto de datos de entrenamiento, utilizó la calificación en la escala del 1 al 4 otorgada por los mismos usuarios a los productos. Sus resultados mostraron que es posible mejorar la eficiencia realizando un análisis más profundo a nivel de frase utilizando los trigramas etiquetados, es decir, las frases con la metainformación mencionada.

(Fan & Chang, 2011) llevaron a cabo diferentes experimentos para generar publicidad basada en los intereses de los usuarios de blogs a diferencia de otros métodos que se basan en el historial de búsqueda o las visitas de sitios Web de los usuarios. Su investigación propone un marco de trabajo para detección de la intención de compra y la orientación semántica del sentimiento en los mensajes publicados en los blogs. La intención de compra es evaluada mediante un análisis de características, diferenciando aquellas características específicas que denotan una intención de las que denota la falta de intención. Para la detección del sentimiento y su orientación semántica utilizaron máquinas de vectores de soporte. Como datos de entrenamiento utilizaron un conjunto de datos de Epinion.com, sitio Web que permite registrar comentarios indicando si se trata de pros o contras de los productos o servicios a los que están destinados los comentarios. Los adjetivos y adverbios encontrados principalmente en los pros se etiquetaron como positivos y los encontrados en los contras como negativos. En el proceso de clasificación se comparaban los adjetivos y adverbios de las oraciones con los etiquetados como positivos o negativos y entonces las oraciones se etiquetaban con el mismo sentimiento (positivo o negativo). Este es un ejemplo claro de algoritmo que utiliza el enfoque lingüístico del procesamiento del lenguaje natural.

El algoritmo de máquinas de vectores de soporte fue utilizado por (Li & Li, 2013) como clasificador de orientación semántica de sentimientos, pero su investigación no se limitó a detectar opiniones positivas o negativas sobre un objeto de opinión. Utilizando Twitter como fuente de corpus estos autores extrajeron tweets que mencionaran algunas marcas (Google, Microsoft y Sony) y productos (IPhone, IPad y Macbook) seleccionados para sus experimentos. En lugar de evaluar la opinión de los usuarios hacia las marcas y los productos, identificaron temas de moda relacionados con esos objetos de opinión. El análisis de sentimiento se realizó en función de los temas de moda identificados. En el modelo que proponen tomaron en cuenta la credibilidad del emisor de la opinión. Descubrieron que la detección de subjetividad y la consideración de la credibilidad son esenciales en la agregación de las opiniones. Probaron que el marco de trabajo propuesto puede descubrir, de forma efectiva, inteligencia de mercado para apoyar la toma de decisiones mediante la implementación de un sistema de monitorización de opiniones en tiempo real.

Una propuesta híbrida que utiliza tanto métodos supervisados como un enfoque basado en léxico es el de (Martín-Valdivia, Martínez-Cámara, Perea-Ortega, & Ureña-López, 2013), quienes utilizaron dos conjuntos de datos que incluyeron las mismas críticas de películas en español y en inglés. Aplicaron algoritmos de aprendizaje automático supervisado (máquinas de vectores de soporte y naive Bayes) paralelamente a los dos conjuntos de datos. A continuación, integraron SentiWordNet al corpus en inglés para generar un modelo no supervisado de clasificación de orientación semántica. Finalmente implementaron un metaclasificador basado en tres modelos: a) Máquinas de vectores de soporte con el corpus en español; b) Máquinas de vectores de soporte con el corpus en inglés; c) Clasificador basado en léxico con el corpus en inglés. Para la clasificación final combinaron los resultados basándose en una elección por votación, donde el resultado de cada algoritmo representaba un voto hacia la clase positiva o hacia la clase negativa. Sus resultados demostraron que un enfoque híbrido produce mejores resultados que los métodos individuales.

3.2.1.3 Clasificadores basados en reglas

Los métodos de aprendizaje supervisado normalmente dependen del conjunto de datos de entrenamiento para generar los modelos que tendrán que usar con los datos de pruebas, por lo que la clasificación efectiva depende enteramente de los parámetros y patrones aprendidos. Los clasificadores basados en reglas buscan reducir al mínimo esta dependencia (Alpaydin, 2014). Los clasificadores basados en reglas poseen conocimiento previo y así, el espacio de datos se modela con un conjunto de reglas donde por un lado se representan las condiciones de las características y por el otro lado se define las clases. Algunas de las ventajas de usar clasificadores basados en reglas consisten en que pueden definirse reglas que ayuden a clasificar datos que no tienen equivalente en los datos de entrenamiento, o que pueden hacerse predicciones incluso antes de la fase de entrenamiento (Medhat, Hassan, & Korashy, 2014).

La clasificación basada en reglas no necesariamente sustituye al aprendizaje automático, sino que fortalece el conocimiento aprendido en la fase de entrenamiento.

Lamentablemente, las investigaciones relacionadas con el análisis de sentimiento con este método son escasas. (Qiu, y otros, 2010) proponen una estrategia de publicidad cuyo objetivo final es identificar palabras clave en los comentarios de los usuarios de un foro para presentarles publicidad de interés. La idea principal de este trabajo fue la generación de anuncios basados en los objetos de opinión detectados en los mensajes de los usuarios del foro de automóviles automotiveforums.com[28]. Con el conjunto de mensajes de los usuarios como corpus, la propuesta se plantea en tres pasos: 1) identificar las oraciones que contengan opinión en los mensajes; 2) Extraer los tópicos (objetos de opinión) de interés para el usuario; y 3) Seleccionar las palabras clave relacionada con el tópico detectado. Las oraciones que asumieron con opinión fueron aquellas que contenían palabras dentro del léxico de sentimientos inquirer[39]. En combinación con este léxico realizaron un análisis sintáctico y propusieron un método basado en reglas para la identificación y extracción del tópico y de la actitud del consumidor. El análisis de sentimiento se aplicó en esta fase al analizar la orientación semántica de la actitud de los consumidores. Las palabras clave seleccionadas para seleccionar el mejor tipo de anuncio para el consumidor fueron aquellas relacionadas sólo con actitudes positivas del consumidor hacia el tópico.

Un método híbrido que incluye a un clasificador basado en reglas es el presentado por (Prabowo & Thelwall, 2009). En su método utilizan cuatro clasificadores: un clasificador basado en léxico (*inquirer*), un clasificador basado en reglas, un clasificador estadístico y un método de aprendizaje supervisado. El primer clasificador se basa simplemente en los valores de las palabras del léxico de sentimientos para la clasificación; el segundo, basado en reglas, sustituye los sustantivos de las oraciones de los documentos etiquetados para el entrenamiento por caracteres como "?" para formar un conjunto de antecedentes y asignarle a cada antecedente un sentimiento. Esas indicaciones especiales se transforman en reglas que se utilizan para asignar sentimiento a los datos de prueba; el tercer clasificador es el punto de información mutua propuesto por (Turney, 2002); el último método es la máquina de vectores de soporte. Como corpus se utilizó un conjunto de críticas de películas y comentarios de blogs. Cada crítica o cometario del conjunto de pruebas fue sometido a los cuatro algoritmos de forma sucesiva. Si un algoritmo fallaba en su clasificación el documento pasaba al siguiente algoritmo hasta que el texto fuera clasificado o hasta que ya no hubiese más algoritmos. Se probaron configuraciones distintas en el orden de los algoritmos, y los mejores resultados (91%) se obtuvieron combinando el clasificador basado en reglas, el estadístico y la máquina de vectores de soporte, en ese orden.

3.2.1.1 Clasificadores probabilísticos

3.2.1.1.1 Naive Bayes
Uno de los algoritmos de aprendizaje supervisado más ampliamente usados para la clasificación de documentos es naive Bayes (Xia, Zong, & Li, 2011; Melville, Gryc, & Lawrence, 2009). Se trata de un método que a pesar de su sencillez ha demostrado funcionar eficientemente, especialmente en casos con grandes cantidades de datos (Wu & Kumar, 2008).

Como todo método de aprendizaje supervisado, éste es entrenado utilizando un conjunto de datos previamente etiquetados de acuerdo con las clases necesarias para el proceso. Para el caso del análisis de sentimientos, esas clases son positivos, negativo y frecuentemente también neutro. Este método utiliza el conjunto de textos de entrenamiento para calcular la probabilidad de que cada palabra corresponda a una clase determinada.

Durante el proceso de clasificación de nuevos datos calcula la probabilidad de que un documento *d* corresponda a determinada clase c_j, con la siguiente fórmula:

$$C^*(d_i) = \underset{j}{argmax}(\prod_{k=0}^{n} s_k c_j)$$

Fórmula 3.1. Asignación de la clase para textos con Naive Bayes.

Donde $s_k c_j$ es la probabilidad de cada n-grama (palabra para el caso de unigramas) de pertenecer a la clase c_j, mientras que *n* es la total de n-gramas encontradas en el texto.

$Argmax_C$ (argumento máximo) es una función que asigna a C^* la clase c_j cuya probabilidad resulta mayor. Entre los investigadores que han evaluado este método para el análisis de sentimientos están (Rui, Liu, & Whinston, 2013; Melville, Gryc, & Lawrence, 2009; Beineke, Hastie, & Vaithyanathan, 2004; Reyes & Rosso, 2012)

(Rui, Liu, & Whinston, 2013) cuya investigación estudió los efectos del boca a boca con Twitter en las ventas de películas, presentaron una propuesta que combina naive Bayes y máquinas de vectores de soporte para determinar clasificar los tweets y compararlos con los datos de venta reportados por la compañía Box-OfficeMojo.com. Este estudio en particular es evidencia de que los investigadores están explorando métodos híbridos con la intención de aprovechar características de distintos algoritmos. Sus aportaciones en el boca a boca electrónico se reportan en la sección 3.7.

Los resultados de Naive Bayes en el análisis de sentimientos son una medida base aceptada por lo que diversos investigadores lo utilizan para evaluar la eficiencia de sus propuestas. (Bai, 2011) lo utilizó en la clasificación de críticas de películas en base a sentimientos para evaluar la eficiencia de su método propuesto que se basa en el modelo de Markov.

3.2.1.1.2 Redes bayesianas

Las redes bayesianas combinan la teoría de probabilidad con la teoría de grafos para generar métodos prácticos para abordar la complejidad e incertidumbre. También son conocidas con otros nombres como el modelo gráfico acíclico dirigido de probabilidad o modelo Bayesiano. Estos métodos se fundamentan en el hecho de que con un conjunto de variables o parámetros es posible predecir resultados basados en probabilidades. Estas variables se conectan de tal forma que los valores resultados de una variable tienen influencia en la probabilidad resultante de otra, es por eso que se usan los grafos o redes de nodos (Bell, 2014).

(Bai, 2011) presentó una propuesta basada en el modelo de Markov que se basa en las redes bayesianas y es por lo tanto un clasificador probabilístico. En este trabajo, el autor utilizó 5 bases de datos como corpus para sus experimentos, dos de las cuales fueron críticas de películas de IMDB[31] y el resto noticias en línea. Utilizando el procesamiento de lenguaje natural para descubrir las dependencias entre palabras se generó un vocabulario con la finalidad de mejorar el desempeño predictivo de varios clasificadores populares, tales como naive Bayes, máquinas de vectores de soporte y entropía máxima. En este algoritmo de predicción de dos etapas un aspecto novedoso fue la creación de un grafo acíclico dirigido del modelo de Markov utilizado en su primera etapa para registrar las dependencias condicionales entre las palabras y codificarlas para la variable sentimiento. En la segunda etapa diseñó su propia estrategia (meta heurística) para afinar su algoritmo y alcanzar una mejor eficiencia (medida por la exactitud). Uno de sus resultados más relevantes fue que su método es capaz de identificar un conjunto sencillo de características predictivas y obtener mejores resultados en su clasificación de sentimientos cuando es comparado con otros métodos. Sus resultados sugieren que es posible detectar los sentimientos mediante el uso de las dependencias sintácticas y gramaticales entre palabras, así como por palabras clave o palabras de alta frecuencia.

3.2.1.1.3 Clasificador de entropía máxima

También conocido como regresión logística *multinomial* (*logistic multinomial regression*) o clasificador exponencial condicional (*conditional exponential classifier*), es un método que en la fase de entrenamiento genera vectores codificados a partir de un conjunto de características etiquetadas. En la fase de prueba, los códigos de estos vectores se usan para calcular el peso de cada característica en los datos de prueba. Los pesos calculados de un conjunto de características se combinan para determinar la etiqueta más probable para un conjunto de características (Medhat, Hassan, & Korashy, 2014).

Este método de clasificación ofrece una eficiencia menor que los de naive Bayes y las máquinas de vectores de soporte por lo que ha sido poco utilizado para presentar propuestas novedosas en la disciplina del análisis de sentimientos. Distintos investigadores han utilizado este método como referencia en la evaluación de la eficiencia de sus propuestas (Bai, 2011; Pang, Lee, & Vaithyanathan, 2002; Go, Bhayani, & Huang, 2009; Read, 2005).

(Duric & Song, 2012) realizaron una investigación de análisis de sentimiento basado en características que fue descrita en la sección 3.1.4. Una vez identificadas las características utilizando HMM-LDA para identificar las expresiones de opinión, entrenaron un algoritmo de entropía máxima para clasificar lo datos de pruebas obteniendo una eficiencia de 86.3.

3.2.2 Aprendizaje no supervisado

En los algoritmos supervisados la finalidad es utilizar los valores correctos proporcionados por un supervisor en los datos de entrenamiento con el objeto de crear modelos que ayuden a predecir o clasificar nuevos datos (los de prueba). En el aprendizaje no supervisado no hay datos de entrenamiento y por lo tanto no hay supervisor, en consecuencia, su principal función es descubrir patrones en los datos (Alpaydin, 2014). Son pocos los algoritmos no supervisados utilizados en el análisis de sentimientos, cuya finalidad es clasificar documentos de texto justo por esa razón: porque no hay modelos con los cuales comparar nuevos datos y estar en condiciones de clasificarlos. Sin embargo autores como (Turney, 2002; Scheible, 2010) han utilizado enfoques no supervisados en combinación con indicadores de orientación semántica para clasificar críticas a productos.

Turney (2002) utilizó un conjunto de críticas a productos obtenidos de Epinions[30]. Estos productos (y ciudades en este caso) fueron automóviles, bancos, películas y ciudades destinos para turistas. Su propuesta se basó en tres pasos. El primer paso fue obtener frases de dos palabras (bigramas) que incluyeran adjetivos o adverbios siguiendo ciertos patrones (p.ej. adjetivo+-sustantivo o adverbio+adjetivo). El segundo paso es calcular la orientación semántica (positiva o negativa) de la frase usando el punto de información mutua (PMI – *point of mutual information*) en relación con las palabras de referencia "excelente" y "pobre"[ii]. El tercer paso fue calcular la orientación de las oraciones con la base del mayor número de frases positivas y negativas y hacer lo mismo para calcular la orientación de las críticas.

(Scheible, 2010) presentó una propuesta para identificar propiedades de productos en críticas de usuarios (Lo que se conoce como análisis a nivel de propiedades o funciones). Para lograr esto, el autor primero localiza superlativos de adjetivos y adverbios y después busca aquellos elementos que se relaciones gramaticalmente con éstos. Las propiedades de los productos identificadas mediante estas relaciones se califican como positivas en una escala de 1 a 3 (de débil a fuerte) y como negativas en una escala de -1 a -3 (de débil a fuerte).

3.2.3 Aprendizaje semisupervisado
Este tipo de algoritmos que se consideran una variación del aprendizaje supervisado puede adoptar una de las siguientes formas en la etapa de entrenamiento:

a) Sólo una parte de los datos se etiqueta.
b) Utiliza tanto datos etiquetados como no etiquetados para el entrenamiento.
c) Los datos de entrenamiento se obtienen de un proceso automático (en lugar de manual) con datos que sin estar etiquetados ya tienen asociada una clase o un hecho. En esta forma de entrenamiento se encuentra la transferencia de aprendizaje (*transfer learning*).

En relación al primer caso, específicamente para el análisis de sentimientos, algunos enfoques basados en léxico pueden considerarse como aprendizaje semisupervisado considerando que los términos contenidos en el léxico tienen asignada una calificación (es decir una etiqueta) que es utilizada para clasificar nuevos datos (Keshtkar & Inkpen, 2013). Cuando las etiquetas de los léxicos, asignadas manualmente en la mayoría de los casos, son asignadas en función de las características de una parte del corpus, esto equivaldría a etiquetar parcialmente los datos de entrenamiento. (Keshtkar & Inkpen, 2013) utilizaron un enfoque basado en corpus (léxico) con un algoritmo de apalancamiento (*bootstrapping*). La idea principal del algoritmo fue basarse

---

ii Los adjetivos excellent y poor del idioma inglés.

en el contexto y características del léxico para encontrar paráfrasis y extraer-las para encontrar términos que reflejasen emociones. Para esto tuvieron que partir de un pequeño número de palabras iniciales (semillas) extraidas de WordNet Affect[25]. Utilizando un conjunto de blogs etiquetados manual-mente, su algoritmo extrajo paráfrasis para aprender algunos patrones de extracción para 6 clases de emociones. Utilizando tanto las palabras semilla como las aprendidas en el apalancamiento llevaron a cabo la clasificación de sentimientos (emociones) de otros textos y blogs. Su algoritmo mostró buen desempeño en su conjunto de datos.

En el segundo caso, que se utiliza cuando es necesario entrenar al algoritmo con una gran cantidad de ejemplos etiquetados, se etiqueta sólo una parte y ésta se utiliza para calcular las etiquetas de los datos de entrenamiento res-tantes, la cual normalmente es mucho mayor que la porción etiquetada. Esto se logra generalmente aprovechando las correlaciones entre características de datos etiquetados y no etiquetados y haciendo inferencias sobre cuáles deberán ser las etiquetas de los datos no etiquetados. Al final el algoritmo se ejecuta de igual forma que uno de aprendizaje supervisado. (Wiegand & Klakow, 2010) presentan este enfoque para clasificar críticas de usuarios sobre películas, extraídas de Internet Movie database (IMDB) y sobre otros productos, extraídas de Rate-it-All.com. La peculiaridad de esta propuesta es el uso de los resultados de un clasificador basado en reglas para el en-trenamiento de otro clasificador más robusto de aprendizaje supervisado, al que los autores denominan de autoaprendizaje. Esta propuesta ilustra nue-vamente los intentos de los investigadores por evitar el etiquetado manual requerido en un algoritmo de aprendizaje automático que normalmente es una tarea exhaustiva. Los autores evaluaron la eficiencia alcanzando una exactitud (accuracy) entre 77% y 83%.

El tercer caso, en que los datos se entrenan mediante un proceso automático previo a la propia clasificación, presenta la ventaja de no ser necesario rea-lizar ningún tipo de etiquetado manual (ni siquiera parcial). (Bollen, Mao, & Zeng, 2011) y (Makrehchi, Shah, & Liao, 2013) realizaron experimentos con mensajes de Twitter asociados a determinadas acciones de la bolsa de valo-res, entrenando de forma automática a sus algoritmos asociando aumentos en los precios de las acciones con sentimientos positivos y disminuciones con sentimientos negativos. (Mishne, 2005) Es otro ejemplo de este tercer caso del aprendizaje semisupervisado. Este autor utilizó mensajes de blogs obtenidos de LiveJournal.com[57], ejemplo éste en el que hay dos particularidades interesantes que vale la pena resaltar: a) Utiliza un algoritmo de aprendizaje supervisado (máquinas de vectores de soporte) como semisupervisado, es decir, en lugar de etiquetar manualmente los datos de entrenamiento, utiliza etiquetas que los mismos usuarios introducen al momento de publicar su comentario (post); b) utiliza el enfoque no supervisado para descubrir datos. Concretamente identificando aquellas palabras (unigramas) o frases (bigramas y trigramas) más comúnmente asociadas a distintos estados del humor.

Otra investigación que utiliza datos no etiquetados por humanos como conjunto de entrenamiento es (Dave, Lawrence, & Pennock, 2003). Esta propuesta utiliza para sus experimentos críticas a productos descargadas de dos sitios: C|net[51] y Amazon[50]. Las críticas a productos obtenidas de C|net se obtienen con un dato binario adicional que indica satisfacción (pulgar hacia arriba) o insatisfacción (pulgar hacia abajo). Las críticas a productos de Amazon son descargadas con una calificación escalar del 1 al 5 (desde "muy satisfecho" hasta "muy insatisfecho"). Su algoritmo es entrenado para encontrar patrones en aquellas críticas que expresan satisfacción ya sea de forma binaria (pulgar arriba o abajo) o escalar (calificación del 1 al 2) y consideran esos patrones como indicadores de opiniones positivas y los patrones en críticas que indican insatisfacción (o calificación del 4 al 5) son asociadas con opiniones negativas. El resto del algoritmo se comporta como un algoritmo supervisado que utiliza principalmente frases (concretamente trigramas) para comparar las críticas del conjunto de datos de prueba con los patrones aprendidos. De esta forma se clasifica a las críticas como positivas o negativas. La eficiencia (exactitud) más alta alcanzada en su experimento fue del 85.3%

Otra propuesta es la de (Goldberg & Zhu, 2006) quienes utilizaron un conjunto de críticas a películas como datos de entrenamiento. Sólo un parte de las críticas estaban etiquetadas, es decir, identificadas como positivas o negativas. Lo que estos investigadores propusieron fue utilizar tanto los datos etiquetados como los no etiquetados como datos de entrenamiento. Para lograr esto utilizaron medidas de similitud, de esta forma, a los datos no etiquetados se les asignaron etiquetas de acuerdo con la similitud que tuvieron con los datos etiquetados. Una de sus conclusiones más importante es que cuando sólo una parte de los datos, que deberían ser usados para el entrenamiento está etiquetada, resulta más eficiente usarlos todos como etiquetados que sólo usar la porción etiquetada.

Los investigadores (Yu, Wu, Chang, & Chu, 2013) presentaron una propuesta a la que denominaron modelo de entropía contextual (*contextual entropy model*). Estos autores proponen el uso de la presencia y la intensidad de palabras de emoción como características para clasificar el sentimiento de noticias del mercado de valores. Para identificar esas palabras, su modelo de entropía contextual expande un grupo de palabras iniciales (semillas) utilizando un pequeño corpus de noticias del mercado de valores etiquetado manualmente con sentimientos. Para expandir las palabras iniciales utiliza una variación del método conocido como punto de información mutua (PMI) para medir la similitud entre estas semillas y otras del corpus etiquetado comparando su distribución contextual. Con el grupo aumentado de palabras realizan la clasificación de nuevas noticias sobre el mercado de valores. Sus resultados muestran una mejora sobre el tradicional punto de información mutua al expandir las palabras iniciales ya que además de considerar la probabilidad de coocurrencia de dos palabras consideran la distribución contextual de éstas. Además sus resultados muestran que al descubrir más palabras de emoción y su correspondiente intensidad mejoran el desempeño de la clasificación de sentimientos.

De la misma forma en que autores como (Dave, Lawrence, & Pennock, 2003) utilizaron una calificación otorgada por los mismos usuarios en forma binaria (pulgar arriba-pulgar abajo) y escalar (del 1 al 5) como datos de entrenamiento, otros investigadores han aprovechado algunas características particulares de determinados medios sociales, tales como la calificación global de los restaurantes (Ganu, Elhadad, & Marian, 2009) o los emoticonos en grupos de noticias (Read, 2005) o en Twitter (Go, Bhayani, & Huang, 2009).

La propuesta de (Read, 2005) se basa en la hipótesis de que los emoticonos son características en los textos con opinión independientes de dominio, del tópico y del tiempo. Para demostrar que la clasificación de textos en base a la orientación semántica del sentimiento puede ser dependiente del dominio, del tópico y del tiempo utilizando métodos de aprendizaje supervisado, este autor realizó tres experimentos utilizando datos distintos para el entrenamiento a los usados para las pruebas. Los algoritmos utilizados fueron naive Bayes y máquinas de vectores de soporte. En la primera prueba, entrenaron estos algoritmos con datos de dos tópicos distintos (finanzas / fusiones y adquisiciones), dos dominios distintos (películas / economía) y críticas del mismo dominio (películas) pero de años distintos. Los resultados de esos experimentos demostraron que cuando los datos de entrenamiento pertenecen a un dominio, tópico o tiempo distintos, la eficiencia de los algoritmos se ve afectada negativamente. Al considerar que los emoticonos son metadatos independientes de estas tres variables, realizaron experimentos entrenando ambos algoritmos con emoticonos. La eficiencia de su propuesta fue aceptable aunque no sobresaliente (70% exactitud) pero sentó un precedente en las opciones de entrenamiento para posteriores investigaciones.

(Go, Bhayani, & Huang, 2009) también utilizaron los emoticonos como referencia para entrenamiento de sus algoritmos de aprendizaje supervisado. Los algoritmos utilizados fueron naive Bayes, máquinas de vectores de soporte y entropía máxima. Los emoticonos indicadores de positividad fueron las sonrisas, es decir ":)" (*smiley*) y sus variaciones, mientras que los indicadores de negatividad fueron los ceños fruncido ":(" (*frown*) y sus variaciones. Como extractores de características para el entrenamiento utilizaron unigramas, bigramas, unigramas más bigramas y unigramas más etiquetas POS (part-of-speech). Durante la fase de entrenamiento utilizaron como datos etiquetados aquellos tweets con emoticonos *smiley* (positivos) y con emoticonos *frown* (negativos). Esta propuesta alcanzó una exactitud máxima de 82.2% en la evaluación.

Un enfoque similar que utiliza emoticonos para entrenar el algoritmo de naive Bayes es el de (Pak & Paroubek, 2010) quienes experimentaron con unigramas, bigramas y trigramas encontraron, en contraposición con (Pang, Lee, & Vaithyanathan, 2002) que los bigramas funcionaron mejor que los unigramas. Una aportación interesante de esta investigación fue la identificación de etiquetas POS que resultan más frecuentes en tweet subjetivos y tweets objetivos.

3.3. Procesamiento de Lenguaje Natural (PLN)

Las técnicas de procesamiento del lenguaje natural desempeñan un papel esencial en el análisis de sentimientos. El procesamiento del lenguaje natural tiene aplicación en diversas tareas específicas de la interacción entre el humano y la computadora. Tales aplicaciones incluyen la extracción de información, la traducción automática, los sistemas de preguntas y respuestas y el análisis de sentimientos (Bird, Klein, & Loper, 2009). El conocimiento de los elementos del lenguaje que permiten la identificación de opiniones en textos resulta indispensable en un análisis que pretende identificar la orientación semántica de estas opiniones o más concretamente resumir o agrupar sentimientos o emociones específicas (Pang & Lee, 2008). Las técnicas de esta disciplina (PLN) puede agruparse en dos categorías: Técnicas con enfoque lingüístico y técnicas con enfoque estadístico, las cuales estudiaremos con mayor detalle en las secciones siguientes.

3.3.1 Enfoques lingüísticos.

El análisis simbólico del texto, también conocido como análisis lingüístico, implica el uso de técnicas del procesamiento del lenguaje natural a distintos niveles. Esos niveles típicamente son representados como se ilustran en la figura 3.5 (Indurkhya & Damerau, 2010).

Figura 3.5. Niveles de análisis lingüístico y tareas asociadas

Las distintas herramientas de procesamiento de lenguaje proveen módulos responsables de tareas asociadas a cada nivel. Así, la segmentación del texto en oraciones (*sentence splitter*), la identificación de elementos (*tokenizer*) y el etiquetado de partes del lenguaje (POS –*Part Of Speach*– *tagger*) son tareas típicas del análisis léxico; mientras que el análisis de la estructura de las oraciones y la identificación de dependencias gramaticales (*parser*) son tareas que se realizan a nivel sintáctico (Manning, y otros, 2014).

En el nivel semántico se ubican tareas más relacionadas con la comprensión del significado de los elementos del lenguaje, tales como palabras, expresiones y oraciones. Estas tareas dependen del problema específico de procesamiento del lenguaje natural, por ejemplo, es diferente el análisis semántico para los sistemas de preguntas y respuestas del que se lleva a cabo para el análisis de sentimientos. La suite de módulos (*annotators*) de Stanford coreNLP incluyen el módulo *sentiment* que realiza un análisis de sentimientos

72

a nivel de frases independiente del dominio, para el que utiliza un conjunto de datos denominado *Sentiment treebank* (Socher, y otros, 2013; Manning, y otros, 2014).

Algunos de los trabajos de investigación en la disciplina del análisis de sentimientos utilizan un procesamiento a niveles bajos, tales como la división de oraciones, etiquetados de elementos del lenguaje y análisis gramatical para identificar los sentimientos inmersos en el texto (Tsytsarau & Palpanas, 2012).

(Taboada, Gillies, & McFetridge, 2006b) propusieron la generación de un léxico cuyos términos (unigramas) estaban etiquetados en una escala del -5 al 5 (negativo a positivo). Su método se basó en la identificación de la orientación semántica de los adjetivos, adverbios, verbos y sustantivos y en el análisis sintáctico de las oraciones. Su propuesta fue reportada en la fase experimental únicamente y, lamentablemente, no reportaron evaluación de su método.

A continuación se mencionan diferentes trabajos de investigación cuyo detalle técnico ya fue descrito en la sección 3.2.1 y por ello en esta sección nos centraremos únicamente en aquellas características concretas de dichos métodos que tienen que ver con el procesamiento del lenguaje.

(Gamon, 2004) exploró la posibilidad de mejorar el análisis de sentimientos mediante un análisis profundo del texto. Para lograrlo utilizó un software que realiza análisis léxico y sintáctico. Este software genera trigramas POS útil para identificar patrones verbo-sujeto-sustantivo y frases (nominales, adverbiales, adjetivales y preposicionales). Con esta información realizaron un análisis de sentimientos que demostró una mejora en la eficiencia con respecto a un análisis más superficial.

Mediante el uso de un etiquetador POS (Fan & Chang, 2011) identificaron adjetivos y adverbios en comentarios destinados a describir pros y contras de productos y los etiquetaron como positivos o negativos respectivamente. Por ejemplo, para un hotel los pros y contras pueden registrarse de la siguiente forma:

Pros: "El excelente servicio, el trato amable del personal"
Contras: "La pobre conexión a Internet"

Los adjetivos "Excelente" y "amable" se etiquetan como positivos por estar registrados en pros y el adjetivo "pobre" como negativo por estar registrado en contras.

En el proceso de clasificación compararon los adjetivos y adverbios encontrados en los datos de prueba con los etiquetados como positivos o negativos.

(Martín-Valdivia, Martínez-Cámara, Perea-Ortega, & Ureña-López, 2013) presentaron un metaclasificador. En una de las fases de clasificación emplearon SentiWordNet para comparar palabras y frases con orientación semántica. Para esto fue necesario un etiquetador POS que identificara los verbos, adjetivos, adverbios y sustantivos.
(Qiu, y otros, 2010) Utilizaron un léxico de sentimientos para identificar las oraciones con opinión. Posteriormente un análisis sintáctico de las oraciones para proponer un método basado en reglas para la identificación y extracción del tópico y de la actitud del consumidor.

3.3.2 Enfoques probabilísticos
Este tipo de enfoques utilizan modelos estadísticos que asignan una distribución de probabilidad al conjunto de las cadenas de caracteres (n-gramas) a partir de un análisis previo de un conjunto de textos de entrenamiento. Este conjunto de datos de entrenamiento debe haber sido previamente etiquetado, normalmente de forma manual aunque como ya se describió en la sección 3.2.3 es frecuente que este entrenamiento se realice también de forma automática. De esta forma a cada palabra o frase se le asigna una probabilidad de pertenecer a una clase concreta (Bell, 2014). Para el caso concreto del análisis de sentimientos, estas clases pueden ser bien dos: positivo y negativo; bien tres: positivo, negativo y neutro; o bien varias, para el caso de identificar sentimientos o actitudes concretas, por ejemplo: tranquilo, feliz, alerta y amable (Liu B. , 2012).

Un hecho interesante es que los enfoques estadísticos de procesamiento del lenguaje natural han crecido en número con relación a los métodos puramente simbólicos. Esto ha fomentado que la investigación y los experimentos relacionados con el análisis de sentimientos hasta la fecha, sea más prolífica usando métodos de estadísticos de aprendizaje automático, pero esto no significa que se haya demostrado que un enfoque es superior a otro (Bell, 2014).

Los métodos estadísticos de procesamiento de lenguaje natural provienen del aprendizaje automático supervisado. Es decir, las tareas de extracción de información, descubrimiento de patrones o predicción de información faltante se basan en información previamente observada, esto es, en la creación de modelos probabilísticos de los datos (Indurkhya & Damerau, 2010). Algunos de los trabajos de investigación que involucran procesamiento de lenguaje natural con enfoque probabilístico, por ejemplo (Turney, 2002; Pang & Lee, 2004; Bai, 2011), fueron detallados en la sección 3.2.

Una de las primeras investigaciones realizadas con palabras etiquetadas con orientación semántica fue la de (Yu & Hatzivassiloglou, 2003) quienes primero realizaron experimentos para separar las oraciones objetivas de las subjetivas y posteriormente llevaron a cabo un análisis de la orientación semántica de las oraciones identificadas como subjetivas. Trabajando con un conjunto de datos de foros de noticias, propusieron un sistema análisis de sentimientos basado en la similitud. Iniciando con un conjunto de palabras (adjetivos) semilla etiquetadas como positivas o negativas, se analizó cada palabra de las oraciones de prueba para determinar la frecuencia con que tal palabra aparecía junto a una palabra semilla positiva o negativa. De esta forma se calculó la probabilidad de que dicha palabra fuera positiva o negativa. Las oraciones se clasificaron mediante el promedio de las probabilidades de cada una de sus palabras.

(Fahrni & Klenner, 2008) presentaron una propuesta cuyo objetivo principal fue determinar la orientación semántica de los adjetivos en un conjunto de datos de un dominio específico (alimentos y bebidas). La hipótesis central en la que basaron su trabajo fue que ciertos adjetivos cuya orientación semántica es ambigua o neutra (como "grande" o "profundo"), al combinarse con sustantivos de un dominio específico adquieren polaridad positiva o negativa (p.ej. "profunda decepción"). Para la realización de sus experimentos crearon un léxico de frases previamente etiquetadas con orientación semántica. Tales frases incluían adjetivos, adverbios y sustantivos. Los datos de prueba fueron críticas de alimentos, recolectadas desde epinion.com, que se clasificaron de acuerdo con una función de correspondencia con las frases del léxico. Al hacer un estudio comparativo con un léxico independiente del dominio (SentiWordNet) demostraron que la eficiencia mejora cuando el léxico es dependiente del dominio y del tipo de objetos de opinión.

Otra investigación con enfoque estadístico es la de (Read & Carroll, 2009) quienes utilizaron tres métodos de comparación de la similitud de palabras. Estos autores consideraron que su enfoque podía clasificarse como débilmente supervisado, lo que en esta memoria se describe como uno de los casos de aprendizaje semisupervisado. La base de conocimiento previo, que estos autores consideran como datos de entrenamiento, consiste en un grupo de 14 palabras prototipo, de las cuales 7 son etiquetadas como positivas y 7 como negativas. Con esta base revisan cada palabra del texto para identificar su similitud con las palabras prototipo y evalúan la similitud utilizando tres métodos. El primer método de asociación léxica es el punto de información mutua (*PMI*), que es en realidad el mismo propuesto por (Turney, 2002) con la diferencia de que estos autores no se limitan a comparar sólo bigramas con ciertos patrones sino todas las palabras del documento y no usan sólo dos palabras de referencia sino las 14 mencionadas. El segundo método, denominado espacio semántico, evalúa la ocurrencia de las palabras del documento con respecto a las palabras prototipo en contextos similares. El tercer método, llamado similitud distribucional evalúa el contexto no por las palabras cercanas sino por las dependencias gramaticales que las caracterizan. En la evaluación del método propuesto obtuvieron una eficiencia máxima de 71.4%, esto es, menos eficiente que naive Bayes y que máquina de vectores de soporte.

Tanto los métodos basados en enfoques lingüísticos como aquellos basados en enfoques probabilísticos han demostrado ser eficientes en diferentes investigaciones. Con la disponibilidad de propuestas de ambos enfoques, se crea una oportunidad para utilizar métodos híbridos de PLN más robustos que aprovechen tecnologías de ambos enfoques (lingüístico y estadístico) para el análisis de sentimientos.

3.4. Léxicos de Sentimientos
Como ya se mencionó en la sección 3.1.4, los métodos de análisis de sentimientos pueden clasificarse en primera instancia en dos categorías: aquellos que se basan en el aprendizaje automático y aquellos que se basan en léxicos de sentimientos. Ambas categorías convergen en la disciplina del procesamiento del lenguaje natural.

El uso de los léxicos de sentimientos y de subjetividad es un mecanismo ampliamente recurrido en la tarea del análisis de sentimientos (Tsytsarau & Palpanas, 2012; Medhat, Hassan, & Korashy, 2014; Prabowo & Thelwall, 2009). En función de la cantidad de trabajos de investigación dedicados a estos léxicos de sentimientos, lo que entendemos como medida de su impacto en la comunidad, se dedica una sección para SentiWordNet y otra para el resto de léxicos identificados.

3.4.1 SentiWordNet[19]

SentiWordNet es uno de los léxicos más utilizado en la investigación sobre análisis de sentimientos. Este léxico de sentimientos fue presentado por (Esuli & Sebastiani, 2006) como léxico especializado en detección de subjetividad y polaridad y posteriormente fue mejorado para especializarlo en el análisis de sentimientos. Derivado de WordNet, SentiWordNet es un léxico de sentimientos compuesto de palabras y términos compuestos agrupados en cuatro categorías: Adjetivos, verbos, adverbios y sustantivos. Cada entrada de este léxico se denomina *synset[iii]* (conjunto de sinónimos). SentiWordNet contiene 117.660 synsets, esto es, 155.287 palabras y términos compuestos distintos. Cada conjunto de sinónimos tiene asociados tres calificaciones, cada una de las cuales indica el grado o probabilidad de que cada synset sea positivo, negativo u objetivo. Las dos primeras calificaciones son explícitas, mientras que la tercera se calcula mediante 1-(*pos+neg*) donde pos y neg son las calificaciones positivas y negativas respectivamente asociadas al synset (Esuli & Sebastiani, 2006). Esto quiere decir que para todos los casos *pos+neg+obj*=1 donde *obj* es la probabilidad de que el synset sea objetivo.

SentiWordNet también ha sido utilizado en combinación con un método de aprendizaje supervisado. (Saggionα & Funk, 2010) utilizaron este léxico como base para generar una lista de palabras únicas calculando la orientación semántica de cada una mediante la siguiente técnica: a) cada palabra de una oración es buscada en todos los synsets y se contabiliza la cantidad de veces que la palabra es más positiva que negativa (*cp*) y más negativa que positiva (*cn*); b) En lugar de calcular una calificación, se asigna polaridad positiva cuando el *cp*>*cn*, dicha polaridad es negativa cuando *cn*>*cp* y se considera neutral cuando *cp*=*cn*. Los experimentos de estos autores se realizaron con varios conjuntos de datos de críticas de películas, y determinaron

---

iii Síncope de Synonym set

que esta técnica puede ser eficiente cuando se usan oraciones cortas, si bien el aprendizaje automático es más eficiente cuando se trata de clasificar documentos completos.

SentiWordNet ha sido utilizado en las propuestas de análisis de sentimientos de críticas de productos presentadas por (Hamouda & Rohaim, 2011) y (Ohana & Tierney, 2009). Los primeros utilizan SentiWordNet de forma similar a (Saggionα & Funk, 2010) para determinar la polaridad del conjunto de características extraídas del corpus (críticas de películas). Una vez determinada la polaridad, usan esas características etiquetadas como datos de entrenamiento para el algoritmo de aprendizaje supervisado de RapidMiner[45]. La eficiencia más alta reportada es del 69.35%. La investigación de (Ohana & Tierney, 2009) interpreta los synsets de SentiWordNet de la siguiente forma: A cada palabra o frase se le asigna el promedio de calificación positiva o negativa de todas las ocurrencias de ésta en todos los synsets de la categoría POS (adjetivo, verbo, adverbio y sustantivo) a la que pertenece la palabra. Así por ejemplo, si una palabra aparece en tres synsets distintos de la misma categoría POS, se calcula el promedio de calificación positiva y negativa de éstos para esa palabra. Para determinar la orientación semántica de la crítica, se suman las calificaciones de todas las palabras previamente calculadas y la orientación semántica es la calificación mayor, positiva o negativa. La eficiencia reportada es del 68.63%. Esta eficiencia resulta interesante puesto que no se hace uso del aprendizaje supervisado. Ambas investigaciones concluyen que SentiWordNet puede ser utilizado confiablemente para el análisis de sentimientos.

(Denecke, 2008) utilizó SentiWordNet para el análisis de sentimientos y comparó su método con un método de aprendizaje supervisado, obteniendo una eficiencia más baja en la clasificación de oraciones positivas que el método de aprendizaje supervisado, pero mejor en la clasificación de oraciones negativas. En su propuesta, este autor elimina las palabras vacías (*stop words*) de las oraciones y busca las palabras restantes en SentiWordNet. A cada palabra encontrada en el léxico, se le asigna el promedio de la calificación asociada positiva, negativa y subjetiva al synset. Las oraciones se califican promediando las calificaciones de todas las palabras calificadas. El objetivo principal de esta investigación fue comparar su propuesta de análisis de sentimientos en comparación con el aprendizaje supervisado utilizando corpora en varios lenguajes.

3.4.2 Otros léxicos

El léxico denominado *multiperspectiva* de preguntas y respuestas (MPQA - *multi-perspective question answering*) propuesto por (Wiebe, Wilson, & Cardie, 2005) es un léxico de subjetividad que tiene la siguiente información para cada entrada: Palabra, etiqueta POS (p.ej. adjetivo, verbo, adverbio, sustantivo), polaridad (positiva o negativa) y fuerza de la subjetividad (fuerte o débil). Este léxico fue integrado a un sistema de detección de subjetividad llamado OpinionFinder[9] (Wilson, y otros, 2005)

Las características de MPQA han sido utilizadas en otras investigaciones de análisis de sentimiento tales como la de (O'Connor, Balasubramanyan, Routledge, & Smith, 2010) quienes utilizaron este léxico para identificar el sentimiento de aprobación o el apoyo hacia determinado candidato de las elecciones presidenciales del 2008 en Estados Unidos a partir de un billón de mensajes de Twitter. Los tweet se clasificaron como positivos si contenían palabras positivas contenidas en MPQA, como negativos en caso contrario o como ambos si contenía tanto palabras positivas como negativas. Considerando que el sistema no tuvo como propósito la clasificación de tweets en función de su orientación semántica, esta propuesta evalúo sus resultados con el índice de correlación entre los resultados de la clasificación y los resultados de encuestas de opinión de Gallup[52] y de Pollster[58]. La correlación positiva supero el 80%.

(Qiu, y otros, 2010) utilizaron el léxico inquirer para determinar por simple comparación, si las oraciones que contenían palabras incluidas en este léxico podían ser consideradas con opinión. Esta investigación fue descrita en la sección 3.2.1.3.

(Lai, 2010) realizó tres experimentos, utilizando léxicos en dos de ellos, con el objetivo de determinar la confiabilidad del análisis de sentimientos como métodos para evaluar el desempeño del presidente de los Estados Unidos de América. En el primer experimento utilizó el léxico de subjetividad que acompaña al evaluador de subjetividad OpinionFinder (*MPQA*), en el segundo utilizó SentiStrength[18] y en el tercero utilizó emoticonos para entrenar al clasificador. Sus descubrimientos indican que los emoticonos no son indicadores claros de la fuerza de los sentimientos y que su uso puede conducir a una estimación altamente volátil de los sentimientos. Sus resultados resaltan la importancia del uso de léxicos que puedan capturar el estilo lingüístico general del lenguaje utilizado en los textos analizados. Demostraron la eficiencia de su propuesta al encontrar correlación de sus resultados con los producidos por encuestas de opinión.

Un léxico de sentimientos basado en el tesauro en línea Macquarie[46] es el denominado MSOL (Macquarie Semantic Orientation Lexicon). Este tesauro está formado por más de 76,400 entradas (palabras y frases). Para generar este léxico de sentimientos, los autores realizaron un proceso de dos pasos:

> 1) Identificar un conjunto de palabras semilla con orientación positiva y negativa.
> 2) Etiquetar los sinónimos de las semillas positivas en el tesauro como positivas y los sinónimos de las semillas negativa como negativas.

El criterio utilizado para etiquetar sus palabras semillas con orientación semántica es que una palabra o expresión tiene polaridad positiva si transmite sentimientos o evaluaciones favorables hacia el objeto o evento evaluado (ej. excelente, feliz, honesto...) y polaridad negativa en caso contrario (ej. mediocre, triste, deshonesto...)

(Mohammad, Dunne, & Dorr, 2009). Este léxico fue utilizado por (Reyes & Rosso, 2012) para detectar la ironía en las críticas de productos. Estos investigadores utilizaron los patrones detectados en críticas irónicas para analizar la orientación semántica de un conjunto de datos de prueba, señalando que la principal característica de la ironía es el uso de palabras positivas en críticas negativas. Con el apoyo del léxico de sentimientos, utilizaron un enfoque lingüístico del procesamiento del lenguaje natural para descomponer las críticas en elementos más pequeños (oraciones, frases y palabras) y realizar un análisis sintáctico y semántico para la detección de la ironía.

Una propuesta que utilizó un léxico de sentimientos basado en DAL[53] (Whissell, 2010) extendido usando WordNet y fortalecido con n-gramas para capturar el efecto del contexto fue (Agarwal, Biadsy, & Mckeown, 2009). Los autores utilizaron este léxico para analizar un conjunto de documentos y clasificarlos en función de su orientación semántica, realizando: a) un análisis léxico para el que utilizaron un etiquetador POS y n-gramas; b) un análisis sintáctico explorando segmentos de texto (*chunks*) principalmente frases verbales (*VP*), frases nominales (*NP*), frase adjetivales (*ADJP*), frases adverbiales (*ADVP*) y frases preposicionales (*PP*). Realizaron diversos experimentos con distintas combinaciones de DAL aumentado con las etiquetas POS, los segmentos y los N-gramas. La mejor eficiencia (82.32%) la alcanzaron al combinar las 4 técnicas.

3.5. Medios sociales, Web 2.0 y opiniones generadas por los usuarios

Los medios sociales (*Social media* como son conocidos en inglés), son herramientas y servicios que instalados sobre la plataforma de Internet permiten que los individuos, comunidades y empresas se reúnan, comuniquen, compartan, y en algunos casos colaboren y jueguen (Boyd, 2009). "Medios sociales" es un término de moda que incluye servicios tales como Web blogs, microblogs, sitios de redes sociales, plataformas para compartir (archivos, imágenes y videos) y wikis y que son impulsados por otro concepto moderno: el contenido generado por el usuario (user-generated content –UGC– como se conoce en inglés) (Fuchs, 2013).

Los contenidos generados por los usuarios son una fuente potencialmente importante para el análisis de sentimientos. Los más utilizados para los distintos experimentos de esta disciplina han sido: críticas a productos y servicios, microblogging (especialmente Twitter), publicaciones en blogs y noticias (Medhat, Hassan, & Korashy, 2014; Vinodhini & Chandrasekaran, 2012; Tsytsarau & Palpanas, 2012).

3.5.1 Críticas de productos

Las críticas de productos son el contenido generado por el usuario más utilizado en la investigación del análisis de sentimientos. Existen diversos sitios Web dedicados a la recepción de opiniones de clientes de productos y servicios, tales como TripAdvisor y Epinion. Las críticas y comentarios también pueden compartirse en blogs o centros de noticias.

Algunos ejemplos de investigadores que usaron las críticas recolectadas desde sitios dedicados a la recepción de opiniones son: (Bai, 2011; Goldberg & Zhu, 2006; Ganu, Elhadad, & Marian, 2009).

Un conjunto de datos muy utilizado a través de los años es el presentado por (Pang, Lee, & Vaithyanathan, 2002) que consiste en críticas de películas descargadas de IMDB[13]. En la sección 3.7 puede apreciarse con más detalle las propuestas que utilizan este y otros corpus de crítica de producto.

3.5.2 Weblogs y Noticias

Los Weblogs o blogs son también uno de los medios sociales más utilizado por los investigadores para el análisis de sentimientos (Mishne, 2005; Medhat, Hassan, & Korashy, 2014; Tsytsarau & Palpanas, 2012)

Los blogs (diminutivo de Web logs) son sitios Web cuyo autor o autores publican de forma regular nuevos contenidos y que permiten retroalimentación de los usuarios. Esta retroalimentación consiste en mensajes conocidos como posts cuyo tamaño es normalmente pequeño, con tendencia conversacional y son presentados en orden cronológico inverso (Kabani, 20103; Fuchs, 2013).

Una característica de los blog que lo convierte en ideal para el análisis de sentimientos es la oportunidad de los usuarios individuales de compartir comentarios relacionados con los productos y sus características, servicios, marcas y las organizaciones mismas (Melville, Gryc, & Lawrence, 2009). Algunos de los investigadores cuyo corpus proviene de los blogs son: (He, Macdonald, & Ounis, 2008; Melville, Gryc, & Lawrence, 2009; Mishne, 2005) para la lista completa véase la sección 3.7.

Los artículos publicados como noticias también son fuente de corpus para el análisis de sentimientos. Los usuarios de estos medios sociales, comparten comentarios que involucran frecuentemente una actitud positiva o negativa hacia el evento del que se está informando en los artículos. Algunos de los trabajos de investigación identificados en este estudio que han usado estos servicios para el análisis de sentimientos son: (Soo-Guan Khoo, Nourbakhsh, & Na, 2012; Yu, Wu, Chang, & Chu, 2013). Véase lista completa en la sección 3.7.

3.5.3 Twitter

Twitter es un servicio de redes sociales en Internet que permite a los usuarios compartir y leer mensajes cortos (con una longitud máxima de 140 caracteres) llamados tweets. Como medio social, Twitter tiene una cantidad masiva de mensajes disponibles que expresan ideas, opiniones, juicios, valoraciones, actitudes y sentimientos hacia otras personas, eventos (políticos, comerciales, naturales) u objetos tales como bienes y productos (Prentice & Huffman, 2008). El análisis de sentimientos es potencialmente una herramienta de aprovechamiento de ese banco de opiniones no estructurado (Pak & Paroubek, 2010).

Los tweets representan un reto importante para los investigadores de análisis de sentimientos que utilizan Twitter como fuentes de corpus. La restricción de la longitud de los tweets a 140 caracteres y las distintas prácticas de deformación del lenguaje utilizadas por los usuarios, convierten este servicio de redes sociales en una fuente de textos a menudo difíciles de procesar. En general la calidad de datos preveniente Twitter es pobre (podríamos denominarla informalmente "ruidosa") y por tanto requiere de limpieza y de corrección antes de que se pueda realizar un trabajo simple y directo de análisis de sentimientos (Bell, 2014). Los hábitos de redacción desarrollados por los usuarios de Twitter para superar la limitación del tamaño de los mensajes incluyen la síncopa, el apócope, la abreviación de palabras o de URLs, el uso de jerga y acrónimos, entre otros. Sin embargo, la disponibilidad publica de los tweets y su utilidad potencial en distintos ámbitos, ha motivado varias investigaciones con Twitter como fuente de corpus (Go, Bhayani, & Huang, 2009). (Pak & Paroubek, 2010; Thelwall, Buckley, & Paltoglou, 2011) de forma explícita sostienen que Twitter es adecuado para el análisis de sentimientos y que es posible asociar sentimientos y actitudes globales detectados en Twitter con eventos importantes. Hay otros investigadores que al emplearlo en sus experimentos y reportar buenos resultados, lo aceptan de forma tácita como adecuado para esta disciplina (Jiang, Yu, Zhou, Liu, & Zhao, 2011; Zhang, Ghosh, Dekhil, Hsu, & Liu, 2011).

La mayoría de las herramientas Web de análisis de sentimientos que trabajan con tweets y que están disponibles públicamente, resumen las opiniones de un conjunto de tweets en los que se menciona una entidad concreta (por ejemplo una producto, una persona o un servicio) en un porcentaje positivo y otro negativo (incluyendo algunas veces otro porcentaje de objetividad o neutralidad). Véase Capítulo 4 para ejemplos concretos.

Algunas características de Twitter, tales como los emoticonos, los *hashtags* y los acrónimos han sido aprovechadas en distintas investigaciones relacionadas con el análisis de sentimientos. (Pak & Paroubek, 2010; Go, Bhayani, & Huang, 2009; Read, 2005) Dichas investigaciones consideraron los emoticonos como indicadores especiales de actitud en los mensajes y los utilizaron como etiquetas en datos de entrenamiento. Además de los emoticonos, (Kouloumpis, Wilson, & Moore, 2011) utilizó los hashtags como datos de entrenamiento y los acrónimos como intensificadores para la detección de sentimientos.

La API de Twitter es el mecanismo más utilizado para la obtención de tweets (mensajes enviados por Twitter), de hecho Twitter en su segundo reporte de ganancias trimestral del 2014[43] (Erdmann, 2014) ha reconocido que aproximadamente un 8.5% de los agentes (usuarios) que hacen solicitudes de tweets son programas automatizados recuperando información de forma continua para futuros usos (About Twitter, 2014). Con el actual número de usuarios, eso representa casi 24.5 millones mensuales de usuarios no humanos que hacen peticiones a Twitter.

3.6. Boca a boca electrónico (eWoM)

Dos hechos han sido demostrados en distintas investigaciones: a) el contenido generado por los usuarios de los medios sociales es fuente potencialmente poderosa de influencia en decisiones de compras de otros usuarios (Cantallops & Salvi, 2014; Zhu & Zhang, 2006; Trusov, Bucklin, & Pauwels, 2009) y b) Las herramientas de análisis de sentimientos son un mecanismo necesario de apoyo al boca a boca electrónico, especialmente cuando hay grandes cantidades de opiniones en texto por resumir y agrupar (Jansen, 2009).

Algunos datos adicionales que apoyan el primer hecho se encuentran en el reporte generado por la compañía comScore y el grupo Kelsey en Noviembre del 2007 (comScore & The_Kelsey_Group, 2007):

- Dentro de los usuarios que consultan críticas en línea a restaurantes, hoteles y otros servicios (p.ej. agencias de viajes y médicos), entre el 73% y el 87% reportan que los comentarios consultados tuvieron influencia significativa en su compra o selección del servicio.
- Los compradores reportan su voluntad de pagar entre un 20% y un 99% más por un producto o servicio calificado como 5 estrellas que por uno calificado como 4 estrellas (la variación está en función del tipo de producto considerado).

La gran cantidad de desarrollo científico y comercial en torno al análisis de sentimientos es otro indicador de la importancia que las distintas organizaciones perciben en esta disciplina.

Los investigadores que presentaron un método que combina naive Bayes y máquinas de vectores de soporte (Rui, Liu, & Whinston, 2013) mencionados en la sección 3.2 hicieron una importante aportación en relación a la utilidad del análisis de sentimientos como mecanismo de boca a boca electrónico.

Reunieron datos de las ventas de películas de la compañía Box-OfficeMojo. com y comentarios de Twitter en relación con las mismas compras usando la interfaz de programación de aplicaciones de Twitter. Hicieron un estudio comparativo entre las ventas de películas y los datos de tweets, estudio para el cual tomaron en cuenta los tweet de opiniones pre-compra y post-compra. Sus resultados sugieren que el efecto del boca a boca electrónico en las compras de productos, cuando los comentarios provienen de usuarios de Twitter con más seguidores, es significativamente mayor que cuando provienen de usuarios con menos seguidores. Descubrieron además que el efecto del boca a boca previo a la compra (usuarios que expresan su intención de comprar) es mayor que el efecto del boca a boca posterior a la compra (usuarios que anuncian que han realizado la compra).

El boca a boca electrónico es el uso de los medios sociales y otras formas de emitir críticas o comentarios en línea para compartir información u opiniones entre los clientes o usuarios de productos y servicios (Duan, Gu, & Whinston, 2008). El uso del análisis de sentimientos en el boca a boca electrónico tiene muchas aplicaciones prácticas, tales como permitir a las compañías analizar cómo han sido recibidos sus productos o sus marcas por los usuarios, o ayudar a los clientes potenciales a tomar decisiones de compra (Jansen, 2009).

De acuerdo con (Gretzel & Yoo, 2008) el 75% de viajeros visitan sitios como TripAdvisor.com para leer los comentarios de otros usuarios acerca de hoteles y apoyar su decisión de reserva o contratación de servicios de hoteles. Esta es la esencia del boca a boca electrónico: usuarios de productos y servicios influyendo en el comportamiento de otros clientes o potenciales clientes a través de la comunicación informal en Internet (Litvin, Goldsmith, & Pan, 2008).

Varios estudios han demostrado que los clientes potenciales de servicios del turismo prefieren las recomendaciones de otros clientes a la publicidad de los prestadores de estos servicios, y que las críticas en línea pueden ser uno de los factores de mayor influencia en las decisiones de viajeros (Pan, MacLaurin, & Crotts, 2007; Gretzel & Yoo, 2008). Mientras que las críticas en forma numérica, es decir las calificaciones, también lo son los comentarios completos (Ghose, Ipeirotis, & Li, 2010). De hecho (Ghose & Ipeirotis, 2011) encontraron que la subjetividad, la legibilidad y la lingüística correcta en los comentarios de texto marcan diferencia en la forma en que otros usuarios perciben los comentarios y en qué proporción comentarios concretos influencian la venta.

La desventaja de los comentarios de texto es que pueden acumularse rápidamente en los sitios Web, tanto que un usuario no puede revisar todos los comentarios disponibles. TripAdvisor.com, por ejemplo, cuenta con más de 75 millones de usuarios y alberga más de 150 millones de críticas y comentarios, recibiendo más de 260 millones de visitas únicas cada mes[37] (Kaufer, 2014). Muchos hoteles disponen de cientos o incluso miles de críticas y muchas ciudades tienen cientos o miles de hoteles. Resulta prácticamente imposible leer tal cantidad de críticas, y ciertamente los clientes potenciales no necesitan hacer tal esfuerzo para tener una idea global de la calidad de los servicios de los hoteles. Es ahí donde reside la utilidad del análisis de sentimientos. En resumir y agrupar los sentimientos globales de los usuarios, ya sea en forma numérica o en la identificación de una lista de sentimientos concretos desde los comentarios o críticas.

3.7. Resumen
La presente sección muestra un resumen de los trabajos de investigación en la disciplina del análisis de sentimientos discutidos en este capítulo y ordenados cronológicamente.

Para la elaboración de la tabla se utilizaron las siglas en inglés correspondiente a los algoritmo de aprendizaje automático o a las técnicas utilizadas en cada investigación por ser lo más conocidos en la literatura de acuerdo con lo siguiente: NB=naive Bayes, SVM=support Vector Machine, ME=maximum entropy, DT=Decision Tree, NLP=natural language processing, POS=part-of-speech, PMI=point of mutual information, SGT= and Spectral Graph Transduction, MPQA=multi-perspective question answering, BoW=Bag of Words, AT=Apraissal Theory, HMM-LDA=Hidden Markov Model - Latent Dirichlet Allocation, MSOL Macquarie Semantic Orientation Lexicon, PSP=Positive Sentence Percentage. Otras siglas: DJIA=Down Jones Industrial Average.

En aras de la uniformidad, todas las siglas de la tabla también se utilizan en base al término equivalente en inglés.

La primer columna de la tabla 3.1 muestra los autores y el año en que se desarrolló la investigación; la segunda columna indica el tipo de análisis de sentimientos en la que se enfocan con autores, donde SO=*semantic orientation* (orientación semántica), SC=*sentiment classification* (clasificación de sentimientos), FE=*feature extraction* (extracción de características) y SA=*subjectivity analysis* (análisis de subjetividad); la tercera columna es un resumen del objetivo principal, la cuarta columna indica el método utilizado para la propuesta del utilizado y en su caso el utilizado en la evaluación de la eficiencia, en el caso de las propuestas que involucran aprendizaje automático supervisado, algunos autores indican el tipo de extracción de características utilizado para el entrenamiento, tales como n-gramas, POS u otras; la quinta columna indica el tipo y procedencia de los textos, la sexta columna indica la cantidad de textos utilizada en los experimentos y la última columna indica el porcentaje de eficiencia (exactitud).

No todos los investigadores evalúan la eficiencia de sus propuestas por lo que esta columna puede indicar NE (no evaluado). Sobre la medida de eficiencia, es importante comentar que la exactitud (*accuracy*), como es bien sabido, no siempre es la mejor medida de eficiencia. De hecho, la recuperación (*recall*) y la precisión (*precision*) pueden ser mejores medidas de eficiencia.

En este resumen se utiliza exactitud para presentar una mejor comparación considerando que es la medida que utilizan la mayoría de los trabajos de investigación. La *exactitud* es la proporción de elementos (textos en el caso del análisis de sentimientos) correctamente clasificados entre el total de los textos evaluados. La *precisión* es la proporción de textos correctamente clasificados entre el total de identificados como correctos (entre los que puede haber incorrectos). La *recuperación* es la proporción de textos correctamente clasificados entre el total de los que sí son correctos. Lo que convierte a la precisión y a la recuperación en mejores medidas de eficiencia es que dan más importancia a lo que se identificó correctamente (VP) en contraposición con la exactitud. Una explicación más ilustrativa de estas medias de eficiencia se encuentra en el capítulo 5 en la sección de resultados (5.7).

Autor	Objeti-vo	Descripción	Modelo	Fuente de daros	Datos	Eficien-cia
(Turney, 2002)	SO	Usan dato binario para clasificar (pulgar arriba/pulgar abajo). Se buscan patrones POS de 2 palabras.	No supervisado/ Estadístico (PMI)	Críticas (Automóviles, bancos, películas, destinos)	410	66-84%
(Pang, Lee, & Vaith-yanathan, 2002)	SO	Clasificar críticas.	NB, SVM, ME, BoW	Críticas (Películas)	2000	77-82.9%
(Dave, Lawrence, & Pennock, 2003)	SO	Clasificar polaridad de sentimientos en críticas a productos	Semisupervisado	Críticas (productos) Cnet y Amazon	No indican	85.3%
(Yu & Hatzivas-siloglou, 2003)	SO	Se evalúa subjetividad de oraciones por similitud o cercanía de cada palabras con respecto a palabras semilla (+/-).	Estadístico	Noticias (Newswire)	1.7 millones	68-90%
(Pang & Lee, 2004)	SO	Se realiza el análisis a nivel de documento tomando en cuenta sólo la información subjetiva de las oraciones. Se etiquetan 5000 oraciones pata entrenamiento.	NB, SVM	Críticas (Películas)	2000	86.4-87.2

(Beineke, Hastie, & Vaithyana-than, 2004)	SO	PMI utilizado por Turney 2002 pero amplian-do las palabras ancla de 2 a 10 (5 positivas y 5 negativas). Se combina ade-más los resulta-dos de PMI con Naive Bayes.	Estadístico (PMI) / NB	Críticas (Películas)	1400	65.8
(Gamon, 2004)	SO	Utilizan una ca-lificación esca-lar de 1-4 como dato de entre-namiento. Enfo-que Lingüístico de NLP	SVM	Críticas (productos)	40884	77.5-85.47
(Read, 2005)	SO	Usa textos con e m o t i c o n o s como conjunto de datos entre-namiento de los algoritmos.	NB, SVM	Noticias (Finanzas, M&A) y Críticas (Películas) UseNet	766,730	70%
(Pang & Lee, 2005)	SC	Determinar sen-timientos a una escala de 3 y 4 puntos en las críticas.	SVM + etiquetado métrico SVM + PSP	Críticas (Películas)	5006	75%
(Wilson, Wiebe, & Hoffmann, 2005)	SO	Análisis a nivel de frases. Clasi-fican oraciones como subjeti-vas-objetivas. Clasifican subje-tividad y orien-tación semán-tica. Enfoque Lingüístico de NLP.	Léxico ex-tendido con inquirer	Documen-tos de texto	16000/ 9000 expre-siones/ oracio-nes	63-82%

(Mishne, 2005)	SC	Clasifica el estado del humor. Identificar vocabularios usado más frecuentemente en cada estado del humor.	SVM	Comentarios Blogs (Live-Journal)	345,014	49 a 65.75
(Alm, Roth, & Sproat, 2005)	SC/SO	Detectar 8 sentimientos distintos en los cuentos y determinar la orientación semántica.	Clasificación lineal Heurística	Cuentos infantiles	185	64%
(Goldberg & Zhu, 2006)	SO	Utilizaron datos etiquetados y no etiquetados usando medidas de similitud. Utilizan PSP (*Positive Sentence Percentage*). Predecir calificación numérica (estrellas 0-3).	Semisupervisado basado en grafos. / SVM	Críticas (Películas)	4006	49.8-59.2
(Chen, Ibekwe-San-Juan, SanJuan, & Weaver, 2006)	FE/SO	Detectar características s diferenciadoras de críticas positivas y negativas.	DT en la propuesta NB y SVM para evaluar	Críticas (libros)	3000	NE
(Taboada, Gillies, & McFetridge, 2006b)	SO	Clasificar cuentos con un léxico propio y con evaluación de adjetivos, adverbios, verbos y sustantivos	Léxico (Diccionario)	Críticas literarias	2	NE
(Fahrni & Klenner, 2008)	SO	Clasificación centrada en un dominio específico: Los alimentos y bebidas.	Estadístico similitud de frases	Críticas (Alimentos)	1600	87.4

(Denecke, 2008)	SO	Clasificar artículos de noticias en múltiples lenguajes y comparar su eficiencia frente a otros clasificadores.	SentiWord-Net	Noticias Críticas (Películas) Críticas en Alemán	535 2000 200	55-89%
(Annett & Kondrak, 2008)	SO	Combinan léxico con SVM. Evalúa comparando contra DT y NB	SVM y léxico NB Y DT para evaluar	Críticas (Películas-IM-DB-Blogs) Críticas (Automóviles)	2000 772	77.4
(He, Macdonald, & Ounis, 2008)	SA	Usan Opinion-Finder para identificar documentos (mensajes en blogs) que sean subjetivos y después buscan en los documentos subjetivos el objeto de opinión consultado.	Lexicón / lingüístico NLP (OpinionFinder)	Blogs	3.2 millones	NE
(Read & Carroll, 2009)	SO	PMI utilizado por Turney 2002 pero ampliando las palabras ancla de 2 a 14 (7 positivas y 7 negativas).	Estadístico (PMI)	Noticias (Newswire) Críticas (Películas)	1.7 millones 2000	68.7-71.4%
(Jansen, 2009).	FE	Identificar tendencias de marcas (eWoM). Investigaron la estructura global de los mensajes de Twitter, los tipos de expresiones y los movimientos hacia orientación de sentimientos.	Léxico/ Probabilístico (Unigramas and bigramas)	Twitter (Cuentas corporativas)	150,000	NE

(Melville, Gryc, & Lawrence, 2009)	SC	Combinar conocimientos léxicos con NLP para caracterizar los sentimientos en los blogs de productos y candidatos políticos	NB y léxico	Blogs (productos y candidatos políticos)	1.7 millones 2 millones	63.61 a 91.21
(Ganu, Elhadad, & Marian, 2009)	FE/SO	Clasificar críticas de Restaurantes por orientación semántica y encontrar sentimientos concretos acerca de comida, servicio, precio, ambiente, anécdotas y misceláneos.	SVM	Críticas (Restaurantes)	52264	73.32-79.42%
(Go, Bhayani, & Huang, 2009)	SO	Clasifican tweet que contengan una cadena de búsqueda (query) que puede ser un producto y está orientada a entidades. Experimentaron combinaciones para extracción de Unigramas, Bigramas, POS.	NB, ME , SVM	Twitter	1.6 millones	81.3%, 80.5% y 82.2%
(Ohana & Tierney, 2009)	SO	Generan una lista de palabras y expresiones promediando las calificaciones de SentiwordNet. NLP.	Sentiword-Net Léxico	Críticas (productos-Amazon)	4000	68.63

(Prabowo & Thelwall, 2009)	SO	Utilizan un clasificador basado en reglas que combina NLP (POS y análisis sintáctico) con PMI. Evalúan usando SVM.	Híbrido Rule-based (Lingüístico+ PMI)/ SVM.	Críticas (películas) Críticas (productos) Blogs (comerciales)	2000+ 200 360 220	91%
(Agarwal, Biadsy, & Mckeown, 2009)	SO	Enfoque lingüístico de NLP (POS y análisis sintáctico) para clasificar documentos mediante un análisis de frases.	Léxico (DAL + WordNet + n-gramas)	Documentos de texto	535	82.32%
(Qiu, y otros, 2010)	EF/SO	Detectar el objeto de opinión de mensajes en blogs para generar publicidad de interés para el usuario.	Basado en Reglas + léxico (inquirer)	Foro Web (automotiveforums)	3873 oraciones.	55%
(Lai, 2010)	SO	Medir las macro tendencias de aprobación y desaprobación del rendimiento presidencial. Utilizan emoticonos para identificar mensajes con orientación semántica.	Léxico (opinionFinder y SentiStrength)	Twitter	458 millones	NE
(Scheible, 2010)	FE	Identifica características de productos mediante la detección de superlativos que los evalúen.	No supervisado	Críticas (Productos)	4259	NE

(Wiegand & Klakow, 2010)	SO	Meta-clasifica-dor. Explorar la efectividad de auto-entrena-miento usando el resultado de clasificación de otro algoritmo.	Basado en reglas/ SGT	Críticas (Películas y productos)	30327	77.75-83.5%
(O'Connor, Balasubra-manyan, Routledge, & Smith, 2010)	SO	NLP y el léxico de OpinionFin-der para evaluar la aceptación de candidato presidencial y desempeño la-boral. Evalúan comparando con las encues-tas de opinión. Radio de tweets positivos y ne-gativos diarios.	MPQA Opi-nionFinder (Conteo de palabras).	Twitter Encuestas de opinión 2008 y 2009	1000 millones	80%
(Saggionα & Funk, 2010)	SO	Clasificar todo el documento me-diante el análisis de fragmentos de oraciones.	SentiWord-Net	Críticas de artículos de noticias	700	76%
(Pak & Paroubek, 2010)	SO	Entrenaron NB con tweets con emoticonos (+/-) y noticias como neutros. Análisis lingüís-tico estadístico bigramas.	NB entre-nado con emoticonos	Twitter	No Indi-cado	NE
(Kouloum-pis, Wilson, & Moore, 2011)	SO	Investigan la utilidad de las característi-cas lingüísticas para detectar el sentimiento en tweets. Utilizan hashtags como indicadores de sentimiento. Eti-quetan n-gra-mas con MPQA.	AdaBoost. MH (DT)	Twitter	607966	75%

(Fan & Chang, 2011)	SC/SO	Evaluar inten-ción de compra y detección de sentimiento.	SVM X^2	Críticas (productos y servicios) Epinions.	30,000	80.8-86.6%$
(Jiang, Yu, Zhou, Liu, & Zhao, 2011)	SO	Clasificación de tweets. 3 fases a) PMI para identificar obje-tos de opinión, b) SVM para clasificar por subjetividad, c) Clasificación polaridad con optimización basada en gra-fos.	SVM y optimización basada en grafos.	Twitter	1939	83.9
(Zhang, Ghosh, Dekhil, Hsu, & Liu, 2011)	SO	Usan los resul-tados de eva-luar con léxico como datos de entrenamiento del SVM	Léxico SVM	Twitter	972,214	85.4
(Bollen, Mao, & Zeng, 2011)	SO	Detectar el es-tado de ánimo y usarlo para predecir fluc-tuaciones en el mercado de va-lores utilizando el DJIA. Enfoque lingüístico de NLP.	Léxico (MPQA)	Twitter	No indi-cado	NE
(Bai, 2011)	SO	Generar un vo-cabulario basa-do en el análisis sintáctico. Usa ese vocabulario para entrenar algoritmo su-pervisado.	Markov Blanket	Críticas (Películas IMDB) Noticias	3400 1800	92.7

(Hamouda & Rohaim, 2011)	SO	Usan Senti-WordNet para etiquetar el sentimiento en oraciones y usar éstas como datos de entrenamiento de un algoritmo de aprendizaje supervisado.	SentiWord-Net RapidMiner	Críticas (películas)	2000	69.35
(Mittal & Goel, 2012)	SO	Detectar el estado de ánimo y usarlo para predecir fluctuaciones en el mercado de valores comparando con DJIA.	BoW	Twitter	476 millions	NE
(Soo-Guan Khoo, Nour-bakhsh, & Na, 2012)	SO	Identificar polaridad de sentimientos hacia el desempeño de los presidentes de Iraq y de USA.	AT	Noticias (políticos)	30	NE
(Duric & Song, 2012)	FE/SO	Usar HMM-LDA para separar las expresiones de los objetos e opinión. Utilizan POS para identificar características.	ME HMM-LDA	Críticas (películas)	2000	86.3
(Reyes & Rosso, 2012)	SC/SO	Detectar ironía y clasificar críticas. Enfoque lingüístico de NLP.	Léxico (MSOL). NB, SVM, DT.	Críticas (productos)	3163	72-89%
(Makreh-chi, Shah, & Liao, 2013)	SO	Predecir el estado del humor de tweets entrenados de acuerdo con las variaciones del Mercado de valores.	SVM	Twitter	30 millones	NE

(Rui, Liu, & Whinston, 2013)	SO	Determinar si eWom de Twitter afecta las ventas de películas.	NB y SVM	Ventas de películas BoxOffice-Mojo Twitter	4 millones	65-75%
(Yu, Wu, Chang, & Chu, 2013)	SC/SO	Predecir el sentimiento de las noticias sobre el mercado de valores. Crear una lista de palabras de emoción y su intensidad.	Modelo contextual de Entropía + PMI.	Noticias (Mercado de valores)	6888	84.26%
(Li & Li, 2013)	SO	En base a una cadena de texto (query) que puede ser entidad (marca o producto) buscan e identifican temas de moda sobre y evalúan la polaridad de los temas.	SVM	Twitter (productos y marcas)	2.3 millones	62.2-88.1
(Martín-Valdivia, Martínez-Cámara, Perea-Ortega, & Ureña-López, 2013)	SO	Usar el mismo corpus en Español y en Inglés para Clasificar las críticas en base a su orientación semántica.	SVM/NB y léxico SentiWord-Net	Críticas (películas) muchoCine	3878	87.7%
(Martín-Valdivia, Martínez-Cámara, Perea-Ortega, & Ureña-López, 2013)	SO	Usar el mismo corpus en Español y en Inglés para Clasificar las críticas en base a su orientación semántica.	SVM/NB y léxico SentiWord-Net	Críticas (películas) muchoCine	3878	87.7%

Tabla 3.1. Resumen de artículos

Capítulo 4

Confiabilidad de Análisis de Sentimientos con Twitter

El presente capítulo describe los experimentos realizados en concordancia con el objetivo específico O1 que plantea "Estudiar el grado de confiabilidad de las herramientas en línea de análisis de sentimiento que trabajan con Twitter como fuente de corpus".

4.1. Formulación del problema

Con textos largos, los autores de los mismos pueden incluir información detallada sobre el objeto de opinión, sobre el emisor de la opinión y sobre los sentimientos y actitudes. Sin embargo, con los tweets, donde el texto se halla restringido a 140 caracteres, los usuarios han desarrollado la capacidad de disminuir el tamaño de las palabras mediante el uso de abreviaturas, contracciones, acrónimos, síncopas, apócopes y el truncado de palabras, todo esto combinado con el uso de la jerga de Internet (Thelwall, Buckley, & Paltoglou, 2011). Estas características pueden complicar el análisis de los tweets y afectar por lo tanto su utilidad (Korfiatis, García-Bariocanal, & Sánchez-Alonso, 2012).

Teniendo en cuenta la complejidad del análisis de sentimientos y la complejidad adicional del análisis de cada tweet, se puede iniciar asumiendo que en los humanos son, aún hoy, más confiables que las herramientas de análisis de sentimientos. Por lo tanto el interés de esta parte de la investigación no es evaluar la eficiencia de los algoritmos, algo que otros investigadores han evaluado ampliamente en cada una de sus propuestas (Medhat, Hassan, & Korashy, 2014; Vinodhini & Chandrasekaran, 2012; Tsytsarau & Palpanas, 2012), sino evaluar la confiabilidad identificando similitudes entre los resultados de las herramientas y comparando estos resultados con los resultados de las evaluaciones de los expertos.

4.2. Metodología

Se seleccionaron 6 herramientas de análisis de sentimientos y se probaron con 20 objetos diferentes (productos y servicios). Se llevó a cabo una prueba semanal con cada objeto en cada una de las herramientas durante tres semanas. Es decir, tres pruebas diferentes para cada objeto con cada herramienta.

De las herramientas seleccionadas, sólo tres publican los tweets que utilizan para su análisis por lo que los tweet publicados por esas herramientas durante la primera semana fueron sometidos al análisis de expertos para identificar la orientación semántica de cada uno de los tweets. El conjunto de tweet revisados y etiquetados por los expertos fue de 3.825, esto es un promedio de 191 mensajes por cada objeto. Dada la complejidad de interpretación de algunos mensajes de Twitter, los expertos utilizaron como mecanismos de apoyo en la comprensión de acrónimos, abreviaturas y jerga, la consulta a tres sitios: internetslang.com[55], urbandictionary.com[62] y acronymfinder. com[49].

La confiabilidad de la clasificación realizada por humanos se evaluó utilizando la técnica de acuerdo entre evaluadores "alfa de Cronbach" con el software de análisis estadístico SPSS[63]. Esta técnica también fue utilizada para evaluar la confiabilidad entre las seis herramientas. Por último se evaluó la confiabilidad de los resultados de las herramientas contra los resultados de los expertos.

Es de resaltar el hecho de que no se trató de una evaluación de eficiencia puesto que no se evaluó el porcentaje de mensajes clasificados correctamente. En lugar de esto, se evaluó el coeficiente de correlación entre porcentajes positivos y negativos de la clasificación de las herramientas y de los expertos para evaluar la confiabilidad en términos de similitud. Por último, se usó el análisis de confiabilidad para comparar los resultados de las herramientas a través de las tres semanas.

4.3 Configuración de los experimentos

4.3.1. Selección de las herramientas

Las herramientas se seleccionaron siguiendo los siguientes criterios:

a) De uso público gratuito.
b) Twitter como fuente de corpus.
c) Basada en Web y
d) Que los resultados mostraran los porcentajes de polaridad (positiva y negativa) de las opiniones habiéndose indicado un objeto de opinión.

El proceso de selección de herramientas inició mediante la exploración en Internet usando el buscador Google con la consulta: *"análisis de sentimientos" and herramientas and Twitter*. Los resultados incluyeron diferentes listas de herramientas, tales como:

a) *A list of Twitter Sentiment Analysis Tools*[7] (Adam M., 2012)
b) *6 Tools for Twitter Sentiment Tracking*[21] (Rosales, 2010)
c) *Sentiment Analysis Sites*[6] (Sentiment140)
d) *List of 20+ Sentiment Analysis APIs*[3] (Ismael, 2013)
e) *10 Free Twitter Tools for Analysis, Trends, And Insights*[26] (Guest, 2010)

El análisis minucioso de las listas permitió la identificación de diversas herramientas que utilizan corpus procedentes de medios sociales tales como Facebook, Twitter, webs de noticias y foros. Algunas herramientas identificadas están orientadas al análisis de sentimientos en dominios específicos tales como políticos (*Twitter for government*[4]), mercado de valores (Stocktwits[23]) y el clima (Dialogue earth[29]). Considerando que el objetivo de esta parte de la investigación fue la comparación de herramientas, se eligieron herramientas que ofrecieran servicios similares utilizando datos similares. Las herramientas que utilizan Twitter para el análisis fueron las más numerosas por lo que se seleccionó este grupo de herramientas. Todas las herramientas seleccionadas realizan un análisis de la orientación semántica de los sentimientos utilizando tweets y ofrecen este servicio a través de una interfaz Web. El resultado que emiten estas herramientas son los porcentajes de tweets que contienen opinión positiva y negativa. En algunos casos también emiten un porcentaje de opinión neutra u objetiva.

Otro criterio que ayudó a afinar la selección de las herramientas fue encontrarlas citadas en algunos de los artículos de investigación estudiados. La tabla 4.1 muestra las herramientas seleccionadas para realizar los experimentos con los productos y servicios.

Herramienta	Institución desarrolladora	Software relacionado	Algoritmo o procedimiento descrito
Opinion-Crawl	Semantic Engines LLC	SenseBot, Semantic API, Sentiment API	SenseBot, "sofisticado método de minería de texto y procesamiento de lenguaje natural"
Sentimentor	University of Brighton	Unknown	Naïve Bayes (Spencer and Uchyigit, 2012)
Sentiment140	Stanford University	Twitter Earth	Distant supervised learning (Go et al., 2009)
StreamCrab	Freelancer Timor Abdulaieve Web Developer	Streamcrab Realtime search engine	Naive Bayes (Sellami et al., 2012)
TweetFeel	e-Rewards, Inc. d/b/a Conversition Strategies	MatterMeter	"complex algorithms"
Twitrratr	Freelancer Beau Frusetta – PHP Web Developer	DateDesigner.com GetSparks.org	Bag of words or keyword-based (Go et al., 2009).

Tabla 4.1. Información de las herramientas seleccionadas

El proceso de análisis se inicia con una "consulta" emitida por el usuario en la interfaz Web de cada herramienta. Se supone que esta consulta es el nombre de un producto (p.ej. "Aspirina"), un servicio (p. ej. "Renfe"), una marca (p.ej. "Apple"), un personaje (p.ej. "Obama") o incluso un evento (p.ej. como "Eurovisión"). Cuando se oprime el botón para iniciar el análisis, la herramienta busca los tweets que contengan esta consulta y procede a la evaluación de la polaridad del sentimiento. Como se ha dicho, cada tweet es clasificado como positivo, negativo o neutro. Es importante remarcar que las herramientas seleccionadas no miden otras variables tales como la fuerza del sentimiento, sólo la orientación semántica.

Las interfaces de estas herramientas se muestran en las siguientes figuras.

Figura 4.1. Interfaz de Opinion Crawl

Figura 4.2. Interfaz de Sentimentor

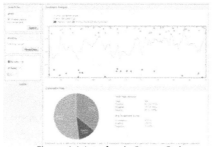

Figura 4.3. Interfaz de Sentiment140

Figura 4.4. Interfaz de StreamCrab

Figura 4.5. Interfaz de TweetFeel

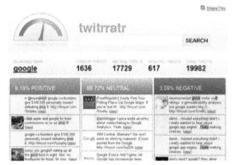

Figura 4.6.. Interfaz de Twitrratr

El algoritmo más simple en estas herramientas es la bolsa de palabras (*bag of word*) también conocido como basado en palabras clave (*keyword-based*), que utiliza dos arrays, uno de palabras positivas y otro de palabras negativas. La clasificación del texto analizado se realiza mediante el conteo de palabras tanto positivas como negativas. En función del mayor número de palabras (positivas o negativas) se asigna la clase correspondiente al texto. De las herramientas seleccionadas, *Twitrratr* es la única herramienta que utilizada este método que es además el más simple (Go, Bhayani, & Huang, 2009).

Los algoritmos de aprendizaje automático supervisado son frecuentes en el análisis de sentimientos. Algunos investigadores utilizan incluso varios métodos en sus propuestas, para encontrar la mejor alternativa. *Sentiment*140 utilizó los métodos de máquinas de vectores de soporte, naive Bayes y entropía máxima al presentar la propuesta y finalmente adoptó el primero al ser el que mejor eficiencia reportó (Go, Bhayani, & Huang, 2009). *Sentimentor* por otra parte utiliza naive Bayes, que es otro de los algoritmos de aprendizaje supervisado que también ha demostrado dar buenos resultados en el análisis de sentimientos (Spencer & Uchyigit, 2012).

Para los usuarios, las herramientas de análisis de sentimientos son como "cajas negras" porque no saben (ni necesitan saber) qué tan simples o complejos sean los algoritmos utilizados, lo que necesitan son, sencillamente, resultados confiables. Por lo tanto, al evaluar la confiabilidad, las herramientas se consideran como "cajas negras" que reciben un parámetro de entrada, que es el texto de la consulta, refiriéndose normalmente a una entidad (p.ej. producto o servicio) y que generan un resultado, expresado en porcentajes de opiniones positivas, negativas y neutras. Por lo anterior, no se evalúa la eficiencia de los algoritmos sino la confiabilidad de los resultados.
Sólo tres de las herramientas seleccionadas permiten descargar o consultar los tweets que se consideraron para el análisis y ninguna permite que el usuario suministre los tweets para el análisis por lo que no es posible un análisis de eficiencia de todas las herramientas seleccionadas utilizando el mismo corpus.

Ninguna de las herramientas seleccionadas incluye información sobre la versión por lo que las versiones utilizadas fueron las que estaban disponibles al momento de las pruebas, durante Abril del 2013.

4.3.2. Selección de entidades para las pruebas
Para ilustrar este apartado, consideremos como ejemplo el caso en que la entidad (indicada en la consulta) fuese *Subway*. En un caso así no se podría saber con certeza si las opiniones se relacionan con el famoso sándwich de la cadena norteamericana de comida rápida o con el tren subterráneo. En consecuencia, y para reducir la probabilidad de ambigüedad e incrementar la exactitud de los resultados, fue necesario identificar productos y servicios con un nombre bien conocido y único.

En la búsqueda de nombres bien conocidos de productos y servicios, se realizó una exploración en Internet utilizando Google como buscador con la consulta "productos más famosos del mundo". Esta consulta generó una larga de lista enlace con productos y servicios más populares de las cuales sobresalían

Amazon y Forbes. La lista de Forbes, uno de los sitios más prestigiosos ayudó a identificar diez de las marcas más populares: Apple, Microsoft, Coca-cola, IBM, Google, Intel, McDonald, General electric, BMW y Cisco, en ese orden.

Cada marca tiene varios productos famosos por lo que el uso del nombre de la marca por ser más genérico emitiría resultados imprecisos puesto que puede haber productos muy aceptados y otros no aceptados en absoluto. La marca puede arrojar resultados muy positivos de forma general y muy negativos en particular hacia un producto, o viceversa. Una búsqueda más concreta con la consulta "Productos más populares de ..." para cada una de las marcas mencionadas produjo una lista amplia de productos tales como: iPhone, iPod, iPad, iTunes (para Apple); Windows 8, Windows 7, Windows XP, Internet Explorer (para Microsoft) y así sucesivamente.

Para el caso de los servicio se utilizó la consulta "servicios más populares del mundo". Gmail y Hotmail fueron dos de los servicios más famosos. Se consultaron los sitios Forbes.com, InvestorPlace.com, TheStreet.com, Digital-Trends.com y FoxNews.com para obtener una lista más amplia de servicios. De la consulta de estos sitios se identificaron otros servicios y productos famosos tales como PayPal, NetFlix, FireFox y Ubuntu.

Con la intención de probar las herramientas con productos y servicios que no pertenecieran sólo al ámbito de las tecnologías de información (TI), se amplió la lista con sugerencias del grupo de investigadores del IERU[iv] . La tabla 4.2 muestra la lista resultante.

Cada nombre de producto y servicio de la lista se probó utilizando cuatro métodos:
    a) Una consulta en Google con el nombre del producto o servicio.
    b) Misma consulta pero usando Google imágenes.
    c) Buscando la desambiguación de Wikipedia.
    d) Búsqueda en AcronymFinder[49] .

---

iv Information Engineering Research Unit. De la Universidad de Alcalá, España.

Relacionados con las TI		NO Relacionados con las TI	
Products	**Services**	**Products**	**Services**
• iPhone 5 • iPad • Windows 8 • Ubuntu • Internet Explorer • Firefox • Nintendo • Wii-Fit • PlayStation 3/ PS3 • Xbox	• Gmail • Hotmail • PayPal • NetFlix • Google plus • Skype • Tuenti • Wikipedia • Flickr • QrCode • Twitter • msn • Ebay • Youtube • Spotify • TripAdvisor	• Viagra • Swatch • Heineken • Michelin • Colgate • KitKat • Lego • Visa • MasterCard • Thermomix • Whopper • Abtrainer • Abcoaster • McNuggets • Advil • Aspirin	• Subway • F1 • Daytona • Nascar • FedEx • McFit • Renfe • Cinemark • Cinepolis • Gold's Gym • Qualitas • Interrail • Telepizza • Pizzahut

Tabla 4.2. Lista de objetos propuestos para las pruebas.

El uso de estos filtros tuvo la finalidad de evitar o reducir la ambigüedad al buscar esos nombres concretos en tweets. Aun aplicando los filtros mencionados existe siempre la posibilidad de utilizar estos nombres unívocos en contextos no utilizables para establecer opiniones sobre el producto, tales como bromas, comentarios laterales, datos de contacto, etc. Por ejemplo, puede darse el caso de que "Viagra" se utilice como el apodo de alguien y la opinión sea hacia esa persona y no hacia el famoso medicamento.

Teniendo todo lo anterior en cuenta y con la finalidad de generar suficientes datos para analizar, se seleccionaron finalmente 5 elementos de cada categoría, tal como se ilustra en la tabla 4.3.

Relacionados con las TI		No relacionados con las TI	
Productos	**Servicios**	**Productos**	**Servicios**
• iPhone 5 • iPad • Windows 8 • Ubuntu • Firefox	• Gmail • Hotmail • PayPal • Netflix • Wikipedia	• Viagra • Thermomix • Whopper • McNuggets • Aspirin	• FedEx • InterRail • Cinemark • Cinepolis • McFit

Tabla 4.3. Lista final de objetos de prueba.

4.4.   Recolección de los datos

4.4.1. Descripción del proceso de recolección

Los datos fueron recolectados durante tres semanas en el mes de Abril del 2013. Para cada herramienta se proporcionó el nombre del objeto como consulta. Los datos que se registraron además del nombre del objeto fueron los porcentajes positivo, negativo y neutro en caso de reportarse. El formato de registro se ejemplifica en la tabla 4.4

Gmail	Positivo	Negativo	Neutral, Objetivo
Herramienta	(%)	(%)	(%)
OpinionCrawl	50	25	25
Sentimentor	33	33	34
Sentiment140	87	13	0
StreamCrab	31.93	13.05	55.02
TweetFeel	46	54	0
Twitrratr	7.49	2.54	89.97

Tabla 4.4. Resultados de la primera semana para Gmail

4.4.2. Normalización de los datos

Dado que no todas las herramientas reportan porcentajes de opiniones neutrales u objetivas, fue necesario normalizar los datos para considerar solo información subjetiva (positiva y negativa). Por lo anterior, los porcentajes neutros/objetivos se omitieron y se consideró que el 100% era la suma de positivos más negativos, de esta forma se calcularon nuevos porcentaje positivos y negativos. Para las herramientas que sólo reportan positivo y negativo los datos no se modificaron. El mismo paso de eliminación de porcentajes neutros se aplicó a la clasificación realizada por humanos con la finalidad de permitir la comparación de los resultados.

4.4.3. Pruebas

Se realizaron tres semanas de pruebas. Las pruebas se realizaron el lunes de cada semana, del 15 al 29 de Abril del 2013. Dado que la suma de los porcentajes positivo y negativo son siempre 100%, la siguiente tabla (4.5) sólo muestra el porcentaje positivo.

		Herrramientas Productos y servicios	O p i - n i o n Crawl %	Senti- mentor %	Senti- ment 140 %	Stream Crab %	Tweet- Feel %	T w i - trratr %
TI	**Productos**	iPhone 5	17	48	61	64	50	59
		iPad	60	49	50	50	56	79
		Windows 8	100	50	64	56	38	97
		Ubuntu	64	49	59	54	62	73
		Firefox	75	49	41	53	51	67
	Servicios	Gmail	67	50	87	71	46	75
		Hotmail	56	49	59	71	22	58
		PayPal	100	49	53	62	44	60
		Netflix	63	49	60	35	54	55
		Wikipedia	66	50	57	57	56	78
No TI	**Productos**	Viagra	75	46	53	42	47	63
		Thermomix	100	50	92	62	100	90
		Whopper	50	50	72	63	82	78
		McNuggets	50	50	69	63	40	53
		Aspirin	50	54	32	46	46	38
	Servicios	FedEx	57	54	51	54	38	69
		InterRail	85	50	78	48	100	86
		Cinemark	82	50	80	58	42	44
		Cinepolis	100	50	95	73	40	92
		McFit	87	53	84	74	100	100

Tabla 4.5. Primera Prueba: Datos normalizados positivos de herramientas

Incluso antes de calcular el coeficiente de confiabilidad puede apreciarse un comportamiento inusual en los resultados de *Sentimentor*. Todos sus resultados, tanto positivos como negativos son muy cercanos al 50%.

Los resultados de las pruebas de la segunda (tabla 4.7) y de la tercera semana (tabla 4.8) se presentan en las secciones 4.6.2 y 4.6.3 respectivamente.

TweetFeel no reportó datos para InterRail y McFit en la segunda semana, por lo que todos los datos para ambos servicios se eliminaron de la segunda y tercera semanas a fin de permitir el análisis estadístico.

Después de la segunda semana, Twitrratr ya no estuvo disponible, así que esta herramienta ya no se consideró para la tercera semana de pruebas. Se consideró suprimir esta herramienta del experimento, pero dado los resultados interesantes que presentó en las primeras dos semanas, se decidió incluirlo en el análisis de éstas.

En la tercera semana de pruebas, nuevamente los resultados de Sentimentor llaman la atención porque no varían en las tres semanas. Lo mismo sucede con Twitrratr, circunstancia que permite inferir que los tweets analizados por estas herramientas no son recuperados de la base de datos de Twitter en el momento de la consulta.

4.5. Resultados y Discusión

Dado que no se evaluó la eficiencia sino la confiabilidad de los resultados, primero fue necesario determinar el grado de acuerdo entre los humanos; posteriormente se determinó el grado de acuerdo entre herramientas considerándolas como evaluadores humanos y finalmente el grado de acuerdo entre herramientas y humanos. Como técnica para la evaluación entre evaluadores, se utilizó el coeficiente alfa de Cronbach calculado en SPSS.

La confiabilidad de las herramientas fue evaluada de dos formas: a) confiabilidad entre herramientas y b) confiabilidad entre herramientas y humanos. Dado que los tweets evaluados por los expertos humanos fueron obtenidos de la primera semana de pruebas, la confiabilidad entre humanos y herramientas se evaluó solamente para esa semana.

Para evaluar el grado de acuerdo entre humano, se tomaron los porcentajes positivos de la clasificación humana y se calculó el coeficiente alfa de Cronbach. Para evaluar el grado de acuerdo entre las herramientas como evaluadores, se tomaron los resultados de las pruebas de cada semana por separado y se sometieron al análisis de confiabilidad calculando el coeficiente alfa de Cronbach. Finalmente los resultados de la clasificación por humanos junto con los resultados de las herramientas para la primera semana se sometieron al análisis de confiabilidad con el alfa de Cronbach.

Un coeficiente alfa de Cronbach mayor que 0.9 se considera excelente, de 0.81 a 0.9 bueno, de 0.71 a 0.8 aceptable, de 0.61 a 0.7 cuestionable, 0.51 a 0.6 pobre y menor o igual a 0.5 inaceptable (George & Mallery, 2010)

Como modelo de consistencia interna, el coeficiente alfa de Cronbach se basa en el promedio de correlaciones entre elementos. Fue el método seleccionado por su habilidad para analizar la confiabilidad en los casos con más de dos evaluadores, en contraste con otros métodos como el coeficiente kappa de Cohen que sólo es capaz de calcular casos con dos evaluadores. Otra de las ventajas de utilizar el alfa de Cornbach es la cualidad para evaluar cuánto puede mejorar o empeorar la confiabilidad de una prueba si un elemento en particular fuese excluido. Eso permite identificar aquellos elementos (jueces o evaluadores) que afectan negativamente la confiabilidad de las pruebas.

La confiabilidad se evaluó determinando el coeficiente alfa de Cronbach y eliminando herramientas (evaluadores) progresivamente mientras el coeficiente fuese menor de 0.8, que como ya se mencionó, es el valor donde la concordancia entre evaluadores es considerada como buena, o hasta que la confiabilidad no pudiese incrementarse eliminando más herramientas.

4.5.1. Primera semana de datos

La tabla 4.6, muestra la primera semana de resultados de las herramientas comparados con los expertos humanos. En esta pueden notarse a primera vista varias similitudes entre los porcentajes positivos generados por humanos y los generados por algunas herramientas, entre las que destacan Sentiment140 y TweetFeel.

		Servicios y productos	Porcentajes positivos								
			1*	2*	3*	4*	5*	6*	J1**	J2**	J3**
TI	Productos	iPhone 5	17	48	61	64	50	59	60	56	59
		iPad	60	49	50	50	56	79	53	56	54
		Windows 8	100	50	64	56	38	97	42	52	48
		Ubuntu	64	49	59	54	62	73	60	56	62
		Firefox	75	49	41	53	51	67	39	47	44
	Servicios	Gmail	67	50	87	71	46	75	44	43	48
		Hotmail	56	49	59	71	22	58	15	19	24
		PayPal	100	49	53	62	44	60	51	61	67
		Netflix	63	49	60	35	54	55	23	34	35
		Wikipedia	66	50	57	57	56	78	48	49	55

		Viagra	75	46	53	42	47	63	62	62	65
	Productos	Thermomix	100	50	92	62	100	90	87	82	92
		Whopper	50	50	72	63	82	78	86	86	87
		McNuggets	50	50	69	63	40	53	77	59	76
No TI		Aspirin	50	54	32	46	46	38	65	31	70
	Servicios	FedEx	57	54	51	54	38	69	21	34	34
		InterRail	85	50	78	48	100	86	84	84	93
		Cinemark	82	50	80	58	42	44	45	58	60
		Cinepolis	100	50	95	73	40	92	73	83	93
		McFit	87	53	84	74	100	100	92	79	85

Tabla 4.6. Datos de la primera semana de pruebas de herramientas comparativa con humanos.

*1=OpinionCrawl. 2=Sentimentor. 3=Sentiment140. 4=StreamCrab. 5=TweetFeel. 6=Twitrratr.
**J1=Judge 1. J2=Judge 2. J3=Judge 3.

4.5.1.1. Comparación entre Herramientas
La confiabilidad del alfa de Cronbach apunto a Sentimentor como el primer candidato a ser eliminado para mejorar la confiabilidad de 0.704 a 0.731. Esto viene a soportar la observación inicial de todos los porcentajes cercanos a 50% de esta herramienta. La segunda y última herramientas en ser eliminada para mejorar el coeficiente de confiabilidad de 0.731 a 0.744 fue *StreamCrab*. La confiabilidad de las herramientas restantes, OpinionCrawl, Sentiment140, TweetFeel y Twitrratr es aceptable (0.744).

El análisis factorial apoya estos resultados al identificar tres factores, esto es, tres grupos de herramientas con resultados similares entre ellos. El primer factor incluye a OpinionCrawl, Sentiment140, TweetFeel y Twitrratr, el segundo sólo incluye a StreamCrab y el tercero sólo a Sentimentor.

4.5.1.2. Comparación de herramientas con humanos
El análisis de confiabilidad de los porcentajes positivos de la clasificación de los humanos utilizando el alfa de Cronbach genera un coeficiente de 0.964, esto es, una confiabilidad excelente. Puede observarse una brecha signifi-

cativa entre la confiabilidad excelente de los resultados con humanos con coeficiente 0.964 y la confiabilidad máxima obtenida por las herramientas de 0.744 que es calificada como aceptable.

La confiabilidad de los resultados de la clasificación realizada por los tres expertos se reafirma mediante la observación visual de patrones en las figuras 4.7 y 4.8. En estas se muestran a manera de ejemplo, los datos de los servicios relacionados con las tecnologías de información (Gmail, Hotmail, PayPal, Netflix y Wikipedia) y los productos no relacionados con las tecnologías de información (Viagra, Thermomix, Whopper, McNuggets y Aspirina). Los patrones de los resultados de clasificación de los humanos se realzan con las líneas sobre las barras en las gráficas. El resto de los productos y servicios muestran comportamiento similar.

Como puede observarse en ambas gráficas, algunas de las herramientas siguen estos patrones en alguna medida pero aún son muy diferentes.

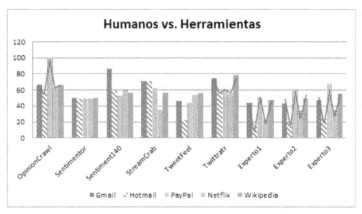

Figura 4.7. Servicios relacionados con tecnologías de información (datos de primera semana)

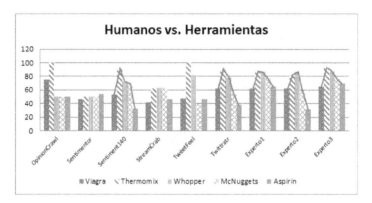

Figura 4.8. Productos no relacionados con Tecnologías de Información (Datos de la primera semana)

El análisis factorial para los resultados de la clasificación realizada por humanos encontró un solo factor, lo cual significa que los resultados son muy similares y que existe alta correlación entre ellos.

El análisis factorial involucrando a los humanos y las herramientas identificó tres factores. El primer factor incluye todos los expertos y las herramientas, menos Sentimentor y StreamCrab. El segundo incluye sólo a StreamCrab y el tercero incluye sólo a Sentimentor. Este análisis muestra que los resultados de los tres expertos y las herramientas OpinionCrawl, Sentiment140, Tweet-Feel y Twitrratr muestran similitud. Esto coincide con el análisis de confiabilidad realizado con el alfa de Cronbach.

4.5.2. Segunda semana de datos (Tabla 4.7).
El análisis de la segunda semana de resultados de las herramientas con el alfa de Cronbach arroja resultados muy diferentes a la primera semana, así como un coeficiente de confiabilidad muy bajo. El coeficiente calculado con los resultados de todas las herramientas fue de 0.329. Una eliminación progresiva de herramientas para mejorar la confiabilidad comenzó con OpinionCrawl para aumentar de 0.329 a 0.352. El siguiente fue Sentimentor para incrementar de 0.352 a 0.393; después se eliminó TweetFeel para incrementar de 0.393 a .0.692 y finalmente StreamCrab para incrementar de 0.692 a 0.714.

El coeficiente calculado sobre los resultados de las herramientas restantes (Sentiment140 y Twitrratr) es aceptable. Notablemente, Sentiment140 utiliza un algoritmo de aprendizaje supervisado mientras que Twitrratr utiliza el método más simple, la bolsa de palabras.

		Herrramientas Productos y servicios	Opinion Crawl %	Senti-mentor %	Senti-ment 140 %	Stream Crab %	Tweet-Feel %	Twi-trratr %
TI	Productos	iPhone 5	75	48	50	37	54	59
		iPad	62	49	51	54	56	79
		Windows 8	40	50	59	44	43	97
		Ubuntu	82	49	56	48	60	73
		Firefox	33	49	52	39	53	67
	Servicios	Gmail	67	50	82	64	48	75
		Hotmail	100	49	65	58	22	58
		PayPal	100	49	57	58	38	60
		Netflix	0	49	61	47	56	55
		Wikipedia	67	50	76	52	57	78
No TI	Productos	Viagra	67	46	55	15	49	63
		Thermomix	93	50	95	53	40	90
		Whopper	15	50	68	63	63	78
		McNuggets	100	50	60	45	51	53
		Aspirin	0	54	28	37	60	38
	Servicios	FedEx	25	54	44	34	37	59
		InterRail	71	50	85	63	N/R	86
		Cinemark	50	50	69	48	19	44
		Cinepolis	67	50	85	45	20	92
		McFit	100	53	90	79	N/R	100

Tabla 4.7. Segunda prueba: Datos normalizados positivos

Los resultados de OpinionCrawl, Sentimentor, Tweetfeel y StreamCrab afectan negativamente la confiabilidad global porque no hay consistencia interna entre ellos. La prueba del alfa de Cronbach incluyendo sólo los resultados de estas cuatro herramientas presenta un coeficiente negativo evidenciando la falta de correlación. Así, la confiabilidad entre Sentiment140 y Twitrratr aunque no es muy alta, es aún aceptable. El análisis factorial identificó tres factores. El primero incluye OpinionCrawl, Sentiment140 y Twitrratr. El segundo factor incluye a Sentimentor y StreamCrab y el tercero incluye sólo a TweetFeel. Un nuevo análisis de confiabilidad para el primer factor utilizando el alfa de Cronbach nuevamente identifica a OpinionCrawl como la herramienta que afecta negativamente la confiabilidad. El coeficiente calculado de las tres herramientas es de 0.535 que al eliminar a OpinionCrawl se eleva a 0.714. La confiabilidad del segundo factor, incluyendo a Sentimentor y StreamCrab arroja un coeficiente de 0.053, es decir sin confiabilidad.

4.5.3. Tercera semana de datos (Tabla 4.8)

El coeficiente alfa de Cronbach para la tercera semana de datos incluyendo a todas las herramientas fue 0.654. La primera herramienta identificada para ser eliminada por afectar negativamente a la confiabilidad fue TweetFeel. Al ser eliminada el coeficiente se elevó a 0.696. La siguiente herramienta fue Sentimentor para incrementar de 0.696 a 0.797 y finalmente StreamCrab para incrementar el coeficiente de 0.797 a 0.837. Las herramientas restantes fueron OpinionCrawl y Sentiment140 con buena confiabilidad (0.837). Tal como en la segunda semana, Sentimentor, TweetFeel y StreamCrab mostraron falta de consistencia interna.

Positive		Herra-mientas Productos y Servicios	Opinion Crawl %	Senti-mentor %	Senti-ment 140 %	Stream-Crab %	Tweet-Feel % TI
TI	Productos	iPhone 5	80	48	71	74	56
		iPad	63	49	50	56	58
		Windows 8	86	50	83	57	45
		Ubuntu	43	49	45	61	48
		Firefox	75	49	59	58	43
	Servicios	Gmail	100	50	88	69	49
		Hotmail	56	49	73	65	20
		PayPal	40	49	51	55	40
		Netflix	33	49	56	43	53
		Wikipedia	67	50	66	64	52
No TI	Productos	Viagra	43	46	56	44	44
		Thermomix	78	50	94	47	90
		Whopper	67	50	66	44	59
		McNuggets	63	50	60	30	51
		Aspirin	38	54	30	34	50
	Servicios	FedEx	64	54	46	44	32
		InterRail	78	50	86	60	N/R
		Cinemark	84	50	77	70	49
		Cinepolis	67	50	94	62	50
		McFit	50	53	82	68	N/R

Tabla 4.8. Tercera prueba: Datos normalizados positivos.

El análisis factorial mostró dos factores. El primer factor incluyó a Opinion-Crawl, Sentiment140 y StreamCrab, el segundo al resto. Un nuevo análisis de confiabilidad con el alfa de Cronbach obtuvo un coeficiente de 0.797 apuntando a StreamCrab como el candidato a ser eliminado para elevar la confiabilidad a 0.837. El mismo análisis para el segundo grupo arrojó un coeficiente de -0.30 mostrando confiabilidad nula debida a la covarianza promedio negativa entre los elementos.

4.5.4. Resultados generales

La tabla 4.9 ilustra los incrementos en el coeficiente de confiabilidad alfa de Cronbach mediante la eliminación progresiva de herramientas. Iniciando con los coeficientes de la columna "inicio" que incluía a todas las herramientas, cada valor de la misma semana indica cómo se elevaría el coeficiente al eliminar la herramienta específica de la columna correspondiente. Por ejemplo, en la primera semana, el coeficiente inicial, incluyendo todas las herramientas, fue de 0.704. Al eliminar Sentimentor, el coeficiente se elevó a 0.731, posteriormente al eliminar StreamCrab se elevó a 0.744. De esta forma las herramientas que aparecen sin valor en algún renglón contribuyeron a alcanzar el coeficiente más alto para esa semana.

En esta tabla 4.9 puede observarse que aunque sus resultados no son tan confiables como los resultados humanos, Sentiment140 fue la herramienta que mostró resultados confiables de forma consistente en las tres semanas de pruebas. El análisis de confiabilidad incluyendo sólo los resultados de humanos y Sentiment140 muestra una confiabilidad excelente de 0.914 que al eliminar a esta herramienta se eleva de 0.914 a 0.964.

Esta herramienta mostró bajos resultados con los casos de Gmail y Hotmail, evidenciando incapacidad para detectar cuando estas palabras se utilizan como dato de contacto y no como objeto de opinión. Aún con las deficiencia detectadas esta herramientas tiene un rendimiento que puede calificarse de bueno a excelente.

StreamCrab podría ser considerado como la segunda herramienta más consistente después de Sentiment140. Nótese que en las tres semanas fue la última en ser eliminada para elevar el coeficiente de confiabilidad. Adicionalmente el coeficiente de confiabilidad antes de eliminar a esta herramienta fue aceptable.

Sentimentor y Twitrratr no mostraron variación en las tres semanas de pruebas, lo cual permite asumir que no se actualiza su conjunto de datos continuamente.

Semana	Inicial	Opinion Crawl	Senti-mentor	Senti-ment140	Stream-Crab	Tweet-Feel	Twitrratr
Primera	0.704		0.731		0.744		
Segunda	0.329	0.352	0.393		0.714	0.692	
Tercera	0.654		0.797		0.837	0.696	

Tabla 4.9. Comportamiento del alfa de Cronbach durante el periodo de pruebas

Otro dato interesante es el hecho de que los resultados de OpinionCrawl fueron confiables en la primera y tercera semana pero fueron los menos confiables en la segunda semana.

4.5.5. Otros resultados

Gmail y Hotmail fueron un caso interesante que puso a prueba la capacidad de las herramientas evaluadas para identificar los objetos de opinión. Todas las herramientas que publicaron los tweets utilizados para el análisis de sentimientos consideraron erróneamente las cuentas de correo de estos dos dominios como objetos de opinión. Sin embargo, las cadenas "@gmail.com" y "@hotmail.com" son evidentemente el complemento de una cuenta de correo electrónico por lo que no deberían considerarse para el análisis.

Lo que resulta claro es que las herramientas estudiadas seleccionan los tweet que analizarán utilizando la consulta directamente como una cadena de búsqueda sin asegurarse que se trata de un objeto y que se está emitiendo una opinión hacia éste.

A continuación se presentan algunos ejemplos de clasificación errónea de tweet para el caso de Hotmail como objeto de opinión. Los tweet se transcribieron exactamente como fueron publicados.

Caso negativo: Los mensajes siguientes se clasificaron como negativos por las herramientas indicadas entre paréntesis.

- (Twitrratr.com) "i can't get anyone else to follow me, i have no friends damn Twitter for not allowing hotmail.co.uk email addresses"
- (Sentiment140.com) "@FinchysOut Mate all is good! Been trying to get hold of you but lost my phone and lost all my numbers. Email me casualasylum@hotmail.co.uk"

Como puede observarse, en el primer ejemplo el autor tiene una actitud evidentemente negativa hacia Twitter, pero no hacia Hotmail. De hecho Hotmail no es ni siquiera objeto de opinión. El segundo caso es diferente porque no hay un objeto de opinión en todo el mensaje. Las palabras que en otros contextos pudieran tener una connotación negativa y que pudiera explicar la clasificación errónea de este tweet son "trying" y "lost" las cuales de forma aislada pudiesen ser etiquetadas como negativas. Esto permite observar que los métodos probabilísticos de aprendizaje automático como el utilizado por Sentiment140 no son capaces de capturar el contexto.

Caso Positivo: Los dos tweet siguientes se clasificaron como positivos por las herramientas indicadas entre paréntesis.

- (Sentiment140.com) "@Steve_Moffat if its truely you ,please get in contact with me @ stuartvenables@hotmail.com. Many thanks ,hope to here from you Soon"
- (Tweetfeel.com) "@TeamLittleMixNL nika_loves@hotmail.com"

El primer mensaje muestra una actitud positiva que no tiene relación alguna con Hotmail como objeto de opinión mientras que el segundo caso no tiene elementos del lenguaje que permitan hacer un análisis del contexto o de la semántica. Este último tweet que sólo contiene "loves" como un fragmento de cadena que no puede considerarse un elemento que permita inferir el sentimiento del autor. Esto ejemplo ilustra lo que los algoritmos que no realizan un análisis semántico pueden clasificar de forma errónea.

Otro dato interesante que surgió reiteradamente de los comentarios de los clasificadores humanos fue la dificultad de clasificar tweets. Independientemente de la complejidad del lenguaje humano, los usuarios de Twitter incluyen muchos acrónimos, abreviaciones, síncopas, apócopes, jerga y otros vicios del lenguaje que complican la legibilidad y la comprensión de los mensajes. Esta observación permite entender que un algoritmo independientemente del método que utilice, debe primero enfocarse a transformar un tweet en un mensaje aceptablemente legible y comprensible. La superioridad de la clasificación humana se explica entre otras cosas por la alta tolerancia que tienen los humanos a las faltas ortográficas y a los errores gramaticales.

4.6. Resumen del capítulo

El propósito fue evaluar las herramientas de análisis de sentimientos basadas en Web que usan Twitter como fuente de corpus desde una perspectiva novedosa: la confiabilidad de sus resultados. Para esto se condujo una serie de pruebas con seis herramientas seleccionadas. Todas las herramientas están disponibles para uso público y usan Twitter como fuente de corpus, los cuales fueron algunos de los criterios para su selección. Las pruebas se realizaron en un periodo de tres semanas con veinte productos y servicios. Usando métodos de *"acuerdo entre evaluadores"* y *"análisis de factores"*, se evalúo la confiabilidad de los resultados de las herramientas de dos formas: 1) comparando los resultados entre las herramientas y 2) comparando los resultados de las herramientas contra el análisis de humanos. Se descubrió que el análisis de sentimientos realizado por las herramientas no es aún tan confiable como el realizado por los humanos, sin embargo existen herramientas que emiten resultados con niveles de confiabilidad que pueden considerarse aceptable, por lo tanto, el uso de esas herramientas como boca a boca electrónico debería tomarse aún con ciertas reservas. Se descubrió además que la confiabilidad de las herramientas no siempre está en relación directa con la complejidad de los algoritmos utilizados, habiéndose llevado a cabo en el estudio una serie de pruebas donde las herramientas fueron consideradas como cajas negras, y donde no se evaluó específicamente la eficiencia de los algoritmos. En cualquier caso, podría plantearse como trabajo futuro la identificación de fortalezas y debilidades de los algoritmos utilizados para el análisis de tweets y presentar sugerencias.

La gran cantidad de contenido generado por el usuario disponible en Internet que incluye opiniones sobre productos y servicios es potencialmente valiosa "boca a boca electrónica" para otros usuarios y para compañías como apoyo para la toma de decisiones. De esa forma, la evaluación de la confiabilidad de los resultados de estas herramientas resulta de gran importancia. La evaluación de los métodos utilizados en el estado del arte del análisis de sentimientos se efectúa utilizando medidas de eficiencia tales como exactitud, precisión y recuperación, pero no se evalúa la confiabilidad de los resultados de las herramientas comparando unas con otras, ni se contrastan dichos resultados con el análisis realizado por humanos. Ese es por lo tanto, el objetivo del trabajo descrito en este capítulo.

El uso de una herramienta de análisis de sentimientos puede compararse con solicitar la opinión a un experto. Si un cliente potencial solicita la opinión de varios expertos, debería, idealmente, obtener resultados similares para poder considerar esas opiniones como suficientemente confiables para la toma de decisiones importantes.

Capítulo 5

Propuesta de un Método Heurístico de Análisis de Sentimientos

5.1 Introducción

Las propuestas de análisis de sentimientos que se basan en enfoques probabilísticos del procesamientos del lenguaje natural y métodos de aprendizaje supervisado que usan n-gramas para la extracción de características en la etapa del entrenamiento, no evalúan la relación gramatical de las palabras con orientación subjetiva y los sustantivos que son objetos de opinión (Indurkhya & Damerau, 2010). Por ejemplo, el tweet con opinion negative hacia cinemark:

"Cinemark is rubbish, the film, however, is all good"

Después de eliminar las palabras vacías (stop words), la cadena resultante sería:

"cinemark rubbish film good"

Al usar unigramas para el entrenamiento, las 4 palabras se almacenarían como representantes probables de la clase negativa sin analizar la relación que hay entre el objeto de opinión, "cinemark" en este caso y el resto de las palabras.

El caso de las máquinas de vectores de soporte entrenadas con unigramas y bigramas por ejemplo sólo registran la presencia y/o frecuencia de patrones que son comunes en los datos de entrenamiento para evaluar los textos de prueba (Bell, 2014).

El estado del arte de la tecnología para el análisis de sentimientos con Twitter como fuente de corpus utiliza algoritmos de aprendizaje automático (Go, Bhayani, & Huang, 2009; Pak & Paroubek, 2010), métodos basados en léxicos de sentimientos (Jansen, 2009; Bollen, Mao, & Zeng, 2011) o una combinación de ambos enfoques (Zhang, Ghosh, Dekhil, Hsu, & Liu, 2011). Sin embargo la mayoría de los métodos del estado del arte trabajan calculando el sentimiento global en los textos independientemente de los objetos de opinión (Jiang, Yu, Zhou, Liu, & Zhao, 2011).

Conscientes de la falta de investigación del análisis de sentimientos centrada en el objeto de opinión, algunos investigadores han presentado propuestas para determinar la orientación semántica de los tweets en relación con un objeto de opinión. Sin embargo estas propuestas incurren en el problema de doble procesamiento ya mencionado. La primera de estas propuestas (Jiang, Yu, Zhou, Liu, & Zhao, 2011) realiza inicialmente una clasificación de subjetividad de los tweets y posteriormente la clasificación de la polaridad del sentimiento de aquellos tweets encontrados como subjetivos; la segunda propuesta (Zhang, Ghosh, Dekhil, Hsu, & Liu, 2011) realiza un análisis de sentimientos dependiente del objeto de opinión basada en un léxico de sentimientos y posteriormente utiliza un método estadístico para afinar la clasificación.

De la identificación de esta carencia surgió la idea de desarrollar la propuesta descrita en la sección 5.5. Adicionalmente, a partir de la idea central del análisis de sentimientos basado en características de que una opinión se compone de un objeto y un sentimiento (Liu B. , 2012), es posible centrarse en el vocabulario utilizado para expresar el sentimiento. Un enfoque no supervisado del aprendizaje automático puede ser útil para la identificación de las palabras y expresiones más frecuentemente utilizadas para expresar opiniones tanto positivas como negativas. Este vocabulario puede ayudar a mejor la práctica del boca a boca electrónico (Kumar & Mirchandani, 2012).

5.2 Planteamiento del problema

El estudio del estado del arte permitió identificar que la mayoría de las propuestas de análisis de sentimientos en tweets calculan el sentimiento de forma global y no centrados en el sentimiento directamente expresado hacia un objeto de opinión especificado (Medhat, Hassan, & Korashy, 2014; Tsytsarau & Palpanas, 2012; Prabowo & Thelwall, 2009).

En la sección 4.6.5 del capítulo 4 titulada "Otros descubrimientos" se puede apreciar claramente que la clasificación de los tweets no considera la relación gramatical entre las palabras cargadas de subjetividad y el objeto de opinión. De hecho puede apreciarse que no se evalúa la presencia del objeto como sustantivo en el mensaje sino que se busca la coincidencia entre cadenas de texto, lo cual no requiere ningún tipo de tarea de procesamiento del lenguaje natural.

Con la utilidad potencial que plantea el análisis de sentimientos en tweets como mecanismo de boca a boca electrónico (Jansen, 2009), la complejidad de analizar el sentimiento en tweets (Thelwall, Buckley, & Paltoglou, 2011), y la escasez de propuestas eficientes centradas en el objeto de opinión (Jiang, Yu, Zhou, Liu, & Zhao, 2011), el desarrollo de una herramienta eficiente se planteaba como un importante reto para la investigación del análisis de sentimientos.

El problema que se abordó fue la propuesta de mejora del análisis de sentimientos de tweets con un enfoque centrado en el objeto de opinión que no implique un proceso adicional y que genere información adicional útil para el boca a boca electrónico. Esta parte de la investigación de concentró en determinar la factibilidad de simplificar el proceso de análisis de sentimientos en tweets, con una eficiencia superior o al menos equivalente al estado del arte de la tecnología. Eficiencia que se evaluó usando la exactitud, la precisión y la recuperación y tomando como datos correctos lo mensajes etiquetados por 3 expertos humanos.

Este capítulo describe el desarrollo de un algoritmo que combina un léxico de sentimientos y un método heurístico basado en reglas que clasifica tweets sin realizar doble proceso de clasificación y que se centra en el objeto de opinión generando adicionalmente información para la mejora de la práctica del boca a boca electrónico.

5.3 Metodología
Se seleccionaron tres herramientas que utilizan Twitter como fuente de corpus que están disponibles públicamente y se probaron con 20 productos y servicios. Se desarrolló un método heurístico semisupervisado utilizando un léxico de sentimientos (SentiWordNet) y el análisis de frases para la identificación de sentimientos o actitudes hacia un objeto de opinión específico.

Todos los mensajes del conjunto de datos fueron etiquetados manualmente por 3 expertos humanos. La confiabilidad de la clasificación por humanos se evaluó utilizando el coeficiente alfa de Cronbach. El conjunto de tweets de prueba se sometió al análisis de sentimientos por la herramienta propuesta. La eficiencia de la propuesta se evaluó comparándola con la eficiencia de las tres herramientas seleccionadas para las pruebas. Las medidas de eficiencia utilizadas fueron la exactitud, la precisión y la recuperación. El proceso de cálculo de la eficiencia se detalla en la sección 5.7.

Dado que otro de los objetivos de esta investigación fue generar información que mejorase la práctica del boca a boca electrónico, se utilizó un enfoque no supervisado del aprendizaje automático para identificar los adjetivos, adverbios, verbos y sustantivos y la frecuencia con que se usan para emitir las opiniones hacia los productos y servicios. La identificación de esta terminología usada más frecuentemente puede servir como base para generar nubes de palabras que enriquezca la experiencia visual del usuario.

5.4 Descripción de la propuesta

El algoritmo propuesto es un enfoque heurístico del procesamiento del lenguaje natural que se centra principalmente en el análisis de frases gramaticales, especialmente en las frases nominales y frases verbales. Las etapas del algoritmo propuesto son el preprocesamiento de los tweets, la asignación de valores a los elementos del lenguaje, el análisis gramatical y la clasificación. El nombre asignado al algoritmo fue Sentweet, el cual se utilizará de aquí en adelante en este documento.

La figura 5.1 muestra un panorama de las cuatro etapas del algoritmo. En esta figura puede observarse que el preprocesamiento es una etapa en la que se pone especial atención para generar mensajes legibles que faciliten las tareas subsecuentes. El enfoque lingüístico del procesamiento del lenguaje natural en la propuesta se centra en el análisis léxico y sintáctico. En el análisis de frases se identifican los elementos del leguaje con orientación semántica y finalmente se clasifican los tweets en función de la subjetividad detectada. En las siguientes secciones se describen cada una de estas etapas.

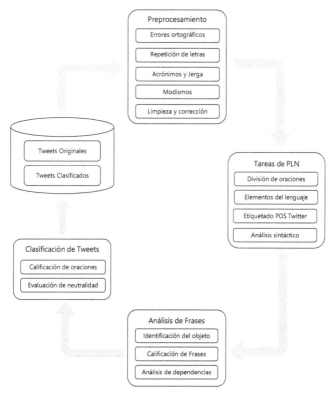

Figura 5.1. Etapas del procesamiento de Sentweet

5.4.1 Preprocesamiento de tweets

Las prácticas comunes de los usuarios de Twitter mediante las que deforman el lenguaje natural, convierten los mensajes de este medio social, conocidos como tweets, en un reto para el análisis de sentimientos (Liu B. , 2010). Por lo anterior, desde la etapa del diseño de la propuesta se puso especial atención en las distintas tareas que son necesaria para transformar un tweet común en un mensaje lo más legible y comprensible posible con la finalidad de facilitar y hacer más eficientes las tareas posteriores.

5.5.1.1. Emoticonos

Se ha demostrado en investigaciones previas que los emoticonos pueden ser utilizados como indicadores de polaridad (Read, 2005; Go, Bhayani, & Huang, 2009). Sin embargo, estas investigaciones han utilizado esta característica especial de los tweets como una etiqueta especial de los datos de entrenamiento en propuestas probabilísticas utilizando métodos de aprendizaje automático. En la presente propuesta, los emoticonos se consideran como indicadores adicionales de orientación de sentimiento, no como etiquetas especiales para el entrenamiento. Por esta razón la existencia de los emoticonos se evalúa al final de la clasificación para aumentar el sentimiento positivo, en caso de tratarse de una sonrisa (*smiley*) o el sentimiento negativo, en caso de ser un ceño fruncido (*frown*).

Como una medida de simplificación al inicio del proceso, todos los emoticonos considerados positivos se convirtieron a la sonrisa tradicional y los considerados como negativos se convirtieron al ceño fruncido tradicional. La tabla 5.1 muestra la lista de emoticonos considerados y su correspondiente conversión.

Polari-dad	Nombre	Clásico	Emoticonos redireccionados						
+	Smiley	:)	:-) ;-)	:)	:D	=) (:	:=)	:-D	;)
-	Frown	:(	:-(	: (	X(	X-(	b(	;(	):

Tabla 5.1. Emoticonos positivos y negativos

5.5.1.2 Diccionarios

Con la finalidad de realizar una limpieza y normalización de los Tweets para obtener mensajes más legibles, se utilizaron 3 diccionarios cuya información fue recopilada de diferentes sitios:

a) Diccionario de errores ortográficos comunes: contiene la lista de 4.279 términos mal escritos más comunes utilizados para identificar y corregir errores ortográficos en Wikipedia[5]. Estos errores son muy comunes y se generar cuando se añade u omite una letra en una palabra o cuando se cambian de posición algunas letras. Ejemplos de entradas en este diccionario son:

128

Error tipográfico	Palabra correcta
Abilty	ability
Abbout	about
Beggins	begins
Beleif	belief
Candiate	candidate
Cannister	canister

Tabla 5.2. Ejemplos de errores ortográficos comunes

b) Diccionario de palabras con doble letra: contiene una lista de 43.866 palabras correctas que contienen doble letra. Esta lista es un subconjunto de ENABLE2K que es la lista oficial de palabras correctas adoptado por los jugadores de Scrabble en Estados Unidos[40]. El diccionario de palabras correctas con doble letra en este proyecto fue creado con la finalidad de corregir dos tipos de problemas: El primer problema es un error tipográfico, en este sentido este diccionario es complementario del diccionario anterior y se utiliza para identificar palabras correctamente escritas que contienen doble letra en uno (p.ej. "bubble") o varios casos de la misma palabra (p. ej. "address"). El segundo problema que se presenta es la práctica común de los usuarios de Twitter de repetir las letras en las palabras como una forma de hacer énfasis o de simular el grito de esa palabra. Para corregir ambos problemas, el software primero detecta alguna repetición de letras en la palabra. Si se encuentran más de dos letras repetidas se dejan dos y se suprimen el resto, se busca la palabra con dos letras repetidas y si se encuentra se considera como correcta si no se encuentra se deja sólo una letra. Ejemplos de entradas en este diccionario se muestran en la siguiente tabla:

Example of tweet	Correct word
"feeeeeeling to bad"	Feeling
"I Neeeed my aspirin now!!"	Need
"I hope your bettttteeer!"	Better

Tabla 5.3. Ejemplos de repetición de letras

c) Acrónimos y Jerga: Este diccionario incluye una lista de 1.193 acrónimos, siglas, abreviaturas irregulares y expresiones en jerga común de Twitter. La tabla 5.4 muestra algunos ejemplos:

Acrónimo, jerga o expresión	Equivalente en lenguaje común
2l8	Too late
4ever	Forever
4u	For you
Asap	As soon as possible
B	Be
B4	Before
FTW	For the win
Gonna	Going to
HF	Have fun
HK	Hugs and kisses
IHU	I hate you
LOL	Laughing out loud
The shit	The best
On deck	Ready

Tabla 5.4. Ejemplos de Acrónimos, siglas y jerga

5.5.1.3 Limpieza y normalización del texto

Se adoptaron prácticas de limpieza de los mensajes utilizadas por otros investigadores tales como la eliminación de signos ortográficos repetidos, la sustitución del destinatario del mensaje (identificado por @), sustitución de URLs en el mensaje, eliminación de información de reemisión de tweet (*retweeting*-RT) y eliminación de la almohadilla (#) al principio del nombre del objeto de opinión.

Los nombres de usuario que comúnmente adoptan el formato @username fueron sustituidos por USERNAME$_n$, donde n es un número consecutivo en el mensaje; las direcciones Web que redireccionan a un sitio relacionado con el tweet se sustituyeron por URL. De esta forma un mensaje como:

"@FourinHand Do you use a #thermomix in your kitchen like @jaymaster-chef? Creme patisserie in 7 mins, NO LUMPS!!!!!"
Se transforma en el siguiente mensaje:

"USERNAME1 Do you use a thermomix in your kitchen like USERNAME2? Creme patisserie in 7 mins, NO LUMPS!"

La finalidad de estas cambios es que las herramientas de análisis léxico y sintáctico reconozcan los nombres de usuarios y los URL como sustantivo y determinen correctamente su función en la oración.

5.4.2 Análisis léxico
El análisis de sentimientos de la propuesta se realiza por frases. Para lograr esto, es necesario dividir primero el mensaje en oraciones y después la oración en frases verbales, adjetivales, adverbiales y nominales. El procesamiento del lenguaje natural necesario para este reconocimiento de oraciones y frases implica el análisis léxico y el análisis sintáctico. Las tres tareas del análisis léxico que se emplearon para la propuesta fueron: la división en oraciones (*Split sentence*), la identificación de elementos del lenguaje (*tokenization*) y el etiquetado POS (POS *tagging*).

Con las oraciones claramente identificadas el siguiente paso fue identificar los elementos de la oración, es decir las palabras y signos ortográficos (*tokens*) y etiquetarlos de acuerdo con su función en la oración. El etiquetado POS está destinado a identificar los verbos, los adjetivos, los adverbios, los sustantivos, las preposiciones, las conjunciones, los determinantes y expresiones.
Una de las mejoras implementadas en esta investigación en relación con el estado del arte es el uso de un etiquetador POS especializado en tweets. La mayoría de los modelos utilizados por los etiquetadores han sido desarrollados para el reconocimiento de elementos correctamente escritos en inglés, una característica que los mensajes de Twitter no poseen. Además del pre-procesamiento descrito en la sección 5.5.1, es necesaria una identificación de elementos con características propias de los tweets, tales como acrónimos, emoticonos, abreviaturas irregulares, apócopes y síncopes. El modelo implementado para el etiquetado POS fue el generado por el proyecto GATE[42] cuya eficiencia para reconocer los elementos característicos de Twitter ha sido evaluado con excelentes resultados (Derczynski, Ritter, Clark, & Bontcheva, 2013).

El grafo que representará las dependencias gramaticales de los elementos de la oración se construye a partir de la cola (implementada en una lista encadenada) que se crea en esta etapa (figura 5.2). Cada elemento identificado de la oración se añade a la lista en el orden en que se encuentran en la oración. Antes de añadir a la cola los adjetivos, los verbos, los adverbios o los sustantivos, estos se buscan en la adaptación reentrenada del léxico de sentimientos SentiWordNet para asociarlos a las calificaciones correspondientes. Las calificaciones asignadas representan la probabilidad de que cada palabra o expresión sea positiva, negativa u objetiva. De esta forma al añadir cada elemento a la cola, este ya lleva registrada esa probabilidad asociada.
Por ejemplo, con el Tweet:

"Life without Aspirin is better."

Se genera la siguiente cola de elementos del lenguaje:

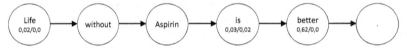

Figura 5.2. Ejemplo de cola de elementos

Los valores debajo de cada palabra o elemento corresponden a las probabilidades positiva/negativa asignadas de acuerdo con los datos almacenados en el léxico reentrenado.

5.4.3 Léxico de Sentimiento
Al ser un derivado de WordNet, SentiWordNet hereda la estructura de éste y asocia tres valores numéricos a cada synset. Los términos están clasificados en cuatro categorías: adjetivos, adverbios, verbos y sustantivos. Estudios anteriores (Esuli & Sebastiani, 2006; Baccianella, Esuli, & Sebastiani, 2010) han demostrado que SentiWordNet es adecuado para el análisis de sentimientos. Otros investigadores han demostrado que este léxico puede funcionar confiablemente en la detección de la orientación semántica de los sentimientos en textos (Ohana & Tierney, 2009; Hamouda & Rohaim, 2011).

Las calificaciones asociadas a cada término (palabra o expresión) en el léxico se consideraron como probabilidades (Esuli & Sebastiani, 2006) de que ese término emita una opinión positiva o negativa adoptando la técnica propuesta por (Hamouda & Rohaim, 2011). Usando esa técnica, cada término obtiene sus porcentajes de probabilidad positiva y negativa mediante el promedio de los porcentajes positivos y negativos de todos los synset en donde aparece el término.

5.4.3.1 Vocabulario subjetivo

Las cuatro categorías de palabras contenidas en SentiWordNet incluyen palabras que pueden considerarse fuerte o débilmente subjetivas. Cada una de estas categorías ha sido estudiada en relación con la subjetividad y el sentimiento. El uso de los verbos y los adjetivos como indicadores de sentimientos fue estudiado por (Chesley, Vincent, & Srihari, 2006) quienes clasificaron los verbos agrupándolos en categorías positivas y negativas y estudiaron los efectos que tienen tanto los verbos como los adjetivos en la determinación del sentimiento en los textos. Se toma en cuenta por ejemplo que los verbos copulativos no suelen contribuir al significado semántico en una oración sino que sirven para igualar o asociar al sujeto con el predicado. Existen además verbos y adjetivos fuertemente subjetivos y débilmente subjetivos. Aunque los adjetivos suelen ser buenos indicadores de polaridad, estudios previos (Benamara, Cesarano, Picariello, Recupero, & Subrahmanian, 2007) demostraron que éstos funcionan mejor para el análisis de sentimientos cuando se combinan con los adverbios. Estos investigadores consideraron relevante el efecto modificador de los adverbios en los adjetivos (*muy* peligroso), verbos (se comportó *terriblemente*), sustantivos (*solamente* adultos) e incluso otros adverbios (*muy* agradablemente) en las tareas del análisis de sentimientos. Los sustantivos como indicadores de orientación semántica del sentimiento fueron estudiados por (Riloff, Wiebe, & Wilson, 2003).

A partir de los resultados presentados por los estudios mencionados, en la presente propuesta se centró la atención en la importancia preponderante de los verbos y los adjetivos en la detección de la orientación semántica del sentimiento; en la función modificadora de los adverbios y en el papel de algunos sustantivos en la definición del sentimiento.

5.4.3.2 Desambiguación básica con el etiquetador POS

El etiquetador POS utilizado combinado con las características de SentiWordNet fueron empleados para realizar una desambiguación a nivel básico. Como ya se ha comentado anteriormente, SentiWordNet tiene tres calificaciones asociadas a cada synset (conjunto de sinónimos) y los synsets están clasificados como verbos, adjetivos, adverbios y sustantivos. De esta forma, cuando el etiquetador encuentra por ejemplo la palabra "drink" también la identifica de acuerdo con su función en la oración.

"Normally I drink one glass of water in the morning"

"Let's have a drink"

En el primer caso el etiquetador POS identifica la palabra *drink* como un verbo mientras que en el segundo caso la identifica como sustantivo. Con la etiqueta correspondiente, la localización de las calificaciones asociadas en SentiWordNet, las cuales son diferentes para ambos casos, resulta sencilla.

5.4.3.3 Coeficiente de neutralidad

Con la finalidad de eliminar un doble procesamiento que implica primero una clasificación de subjetividad antes de la clasificación por polaridad de sentimiento, se introdujo el *coeficiente de neutralidad*. Este coeficiente es el porcentaje mínimo de subjetividad que se considera que debe tener una oración para clasificarse con orientación semántica.

El coeficiente de neutralidad fue definido a 0,05 lo que significa que una oración debe ser al menos un 5% subjetiva para poder clasificarla como positiva o negativa. Las oraciones con subjetividad menor a 0,05 se asumen como neutras. Al definir este coeficiente de polaridad, los verbos y adjetivos considerados como fuertemente subjetivos fueron reentrenados asignándoles siempre una probabilidad mayor de ese coeficiente, ya fuera con orientación positiva o negativa.

5.4.3.4 Reentrenamiento del léxico

El reentrenamiento se aplicó a palabras de las cuatro categorías de Senti-WordNet, aunque se puso un mayor énfasis en los verbos y los adjetivos. Las probabilidades de los adverbios y los sustantivos también fueron modificados tomando en cuenta que el coeficiente de neutralidad y la subjetividad fuerte y débil.

A partir de las ideas comentadas en las dos secciones anteriores, las entradas de SentiWordNet más utilizadas en los tweets recopilados se reentrenaron asignando manualmente nuevos valores considerando el coeficiente

134

de neutralidad y la subjetividad fuerte y débil. El esquema de anotación de SentiWordNet permite adoptar este enfoque al asignar probabilidades altas para las palabras y expresiones fuertemente subjetivas y probabilidades bajas para las débiles. El concepto de subjetividad fuerte y débil se adoptó de (Riloff, Wiebe, & Wilson, 2003).

La tabla 5.5 ilustra algunos ejemplos de la clasificación de tweets con orientación semántica.

Tweet	Elemento subjetivo	Probabilidad		Clasificada como
		Positiva	Negativa	
"I took an Aspirin for breakfast"	Take	0,06	0,02	Neutral
"I want to take an Aspirin before breakfast"	Want/take	0,18/0,06	0,05/0,02	Positivo
"look at your hotmail"	Look	0,06	-0,02	Neutral
"Anyone else struggling with hotmail timing out?"	Struggling/ Timing out	0,0/0,0	-0,62/0,0	Negativo
"Let's catch up for drinks! Email me at Todd_Gailun@hotmail.com"	Email	0,0	0,0	Neutral

Tabla 5.5. Ejemplos de tweet clasificados

Los ejemplos en esta tabla ilustran el concepto del coeficiente de neutralidad y de subjetividad débil y fuerte. En estos se observa que los verbos *take*, *look* e incluso *email*, utilizado como verbos en este mensaje, tienen una polaridad débil por que la diferencia de sus polaridades no rebasa el coeficiente de neutralidad de 0,05. Por otra parte los verbos *want* y *struggling* son verbos con subjetividad fuerte, positiva y negativa respectivamente. En el segundo tweet de la tabla, se puede observar que los valores de polaridad asociados a los verbos *want* y *take*, ambos directamente relacionados con *Aspirin* se combinan para formar una magnitud positiva de 0,24 contra una negativa de 0,07 dando una diferencia positiva de 0,17 para toda la oración. Este proceso de calificación se describe más detalladamente en la secciones de análisis de frases (5.5.5) y de cálculo de sentimiento (5.5.6).

Dado que la subjetividad de las oraciones fue determinada por la relación de las palabras subjetivas en relación con el objeto de opinión, aquellas oraciones neutras, en concordancia con el etiquetado de tweets por los humanos descrito en la metodología, podrían estar en algunos de los siguientes casos:

a) no emitir opinión o b) emitir opinión pero no sobre el objeto de opinión especificado. El resto de los términos no reentrenados, de SentiWordNet conservaron los valores calculados como ya se comentó.

5.4.4 Análisis sintáctico

El algoritmo propuesto realiza un análisis gramatical de las frases componentes de las oraciones de los tweets. Para lograr esto, se creó un grafo gramatical bidireccional que relaciona las calificaciones de los elementos independientes extraídas del léxico de sentimientos. Para crear este grafo, se utiliza la cola mencionada en la sección 5.5.2 y la información generada por el analizador sintáctico (*parser*) de CoreNLP.

El analizador sintáctico de CoreNLP provee dos tipos diferentes de resultados:

a) La relación gramatical entre las palabras (también conocida como dependencias tipificadas).
b) El árbol de estructura de frases.

La relación gramatical entre las palabras está generada a partir de las dependencias tipificadas de Stanford (De Marneffe & Manning, 2008). El árbol de estructura de frases representa las frases verbales (verbal *phrases*-VP), nominales (*noun*-NP), adverbiales (*adverbial phrase*-ADBP), adjetivales (*adjective phrases*-ADJP) y preposicionales (*preprositional phrase*-PP).

El análisis gramatical se realizó sobre las frases nominales (NP) y verbales (VP). Tanto los adjetivos como los adverbios están contenidos en frases adjetivales (ADJP) y adverbiales (ADVP) las cuales a su vez están normalmente contenidas en las frases nominales y verbales. El algoritmo considera también los casos en que una frase adverbial contenga a una frase nominal.

Con el mismo ejemplo indicado en el análisis léxico:

"Life without Aspirin is better"

El analizador sintáctico genera las relaciones gramaticales siguientes:

```
root(ROOT-0, better-5)
prep_without(life-1, Aspirin-3)
nsubj(better-5, life-1)
cop(better-5, is-4)
```

Y el siguiente árbol de estructura de frases:

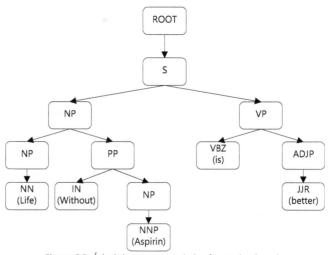

Figura 5.3. Árbol de estructura de las frases de ejemplo

En la sección siguiente se detalla el análisis de frases que utiliza tanto las dependencias gramaticales como el árbol de frases.

5.4.5 Análisis de frases

Tomando como base el ejemplo de la sección anterior, se puede observar en las dependencias gramaticales generadas por el analizador sintáctico, que *root* -en la primera línea de las dependencias `root(ROOT-0, better-5)`- no es precisamente una relación y solo sirve para indicar que el analizador sintáctico detecta el quinto elemento (*better*) como el inicio de las relaciones gramaticales. Con las tres relaciones restantes se construye el grafo siguiente:

137

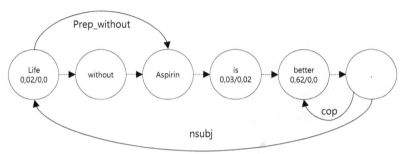

Figura 5.4. Grafo para el análisis gramatical

Considerando que la propuesta se enfoca en el análisis de frases, lo siguiente es extraer todas las frases de la oración del árbol de estructura generado (figura 5.3). A diferencia del análisis de fragmentos (*chunk analysis*) en donde cada fragmento es completamente independiente de los demás (Bird, Klein, & Loper, 2009), en esta propuesta, las frases y sus frases constituyentes se extraen y se registran de forma recursiva, es decir, cada frase puede contener otras. La única excepción son las frases nominales, las cuales se extraen considerando solamente la frase de mayor nivel.

Utilizando el árbol de frases del ejemplo anterior, el algoritmo registra las frases no recursivas siguientes:

NP   life(H) without Aspirin(T)
VP   is(H) better

En el registro de las frases se detecta y registra también el elemento cabecera de la frase. Como lo indica su nombre, este elemento (denotado por H –*Header*– en las frases anteriores) encabeza el resto de la frase.

5.4.5.1 Identificación del objeto de opinión
Una de los propósitos de esta parte de la investigación es realizar el análisis de sentimientos centrado en un objeto de opinión específico. Las herramientas seleccionadas para las pruebas buscan el objeto de opinión como una cadena de caracteres sin evaluar si existen palabras o expresiones de opinión directamente relacionados con éste tal como se demuestra en la sección (4.6.5) de otros resultados del capítulo 4.

138

En el software desarrollado para esta propuesta se busca el objeto de opinión en cada oración derivada del mensaje original evaluando que éste tenga alguno de los siguientes tipos de relación, de acuerdo con las dependencias tipificadas de Stanford (De Marneffe & Manning, 2008):

a) Como sujeto del verbo principal o de otro verbo dependiente del verbo principal en la oración. Relaciones: `nsubj()`, `agent()`.
Ejemplos:

"Thermomix made my day"   nsubj(made, Thermomix)
"I've been saved by Thermomix"   agent(saved, Thermomix)

b) Como objeto directo o indirecto del verbo principal o de otro verbo dependiente del verbo principal. Relaciones: `dobj()`, `nsubjpass()`, `iobj()`.
Ejemplos:

"I need an Aspirin"   dobj(need, Aspirin)
"iPhone was defeated"   nsubjpass(defeated, iPhone)
"Chrome gave Firefox a lesson"   iobj(gave, Firefox)

c) Que esté vinculado o sea descrito usando un verbo copular. Relación: `cop()`.
Ejemplo:

"The best is Netflix"   cop(is, Netflix)

d) Que esté siendo calificado por un adjetivo. Relaciones: `amod()`, `acomp()`.
Ejemplos:

"wonderful iPhone"   amod(iPhone, wonderful)
"iPhone looks beautiful"   nsubj(looks, iPhone)
acomp(looks, beautiful)

Asumiendo que la emisión de una opinión positiva o negativa hacia una de las características o propiedades del objeto de opinión es, por extensión, una opinión al objeto también, lo que en otras investigaciones denominan extensión del objeto de opinión (Jiang, Yu, Zhou, Liu, & Zhao, 2011), se etiquetó al objeto cuando una de sus propiedades tenía alguna de las relaciones listadas. Las propiedades del objeto de opinión se detectaron mediante relaciones de conjunción o preposicionales. Las relaciones indicadas en los siguientes fragmentos de tweets ilustran casos en que iPhone5 sin tener adjetivos o verbos relacionados puede ser objeto de opinión:

> *"iPhone5's battery is the best"*
> *"iPad and iPhone5 are the same garbage"*
> *"I prefer Galaxy S4 rather than iPhone"*

El objeto de opinión también se detectó mediante las conexiones de éste con pronombres en la misma oración o en otras oraciones subsecuentes del mismo tweet.

Aquellos tweets en donde no se encontró ninguna de las relaciones mencionadas afectando al objeto de opinión se clasificaron como neutros sin realizar ningún tipo de análisis más profundo. Esto representa una mejora con relación a otros métodos (Jiang, Yu, Zhou, Liu, & Zhao, 2011; Zhang, Ghosh, Dekhil, Hsu, & Liu, 2011) dado que no se analiza la orientación semántica del tweet cuando se sabe que las opiniones que pueden existir en el mensaje no se relacionan con el objeto específico.

El objeto de opinión o sus propiedades se etiquetan en las frases registradas usando la letra T (*target*).

5.4.5.2 Calificación de frases

El algoritmo analiza las frases y las dependencias gramaticales primero de cada frase para determinar la polaridad de cada una. El resultado de este análisis genera las frases con su polaridad positiva y negativa asociada:

NP	Pos[0,02]	Neg[0,0]	life(H) without Aspirin(T)
VP	Pos[0,65]	Neg[0,02]	is(H) better

El anteriormente mostrado grafo de la figura 5.4 ilustraba los valores en el léxico asociados a los elementos de la oración. En esa figura se puede observar que para la primera frase (nominal) sólo el sustantivo *"life"* tiene una polaridad positiva asociada de 0,02 es decir, se trata de un sustantivo de polaridad débil. Siendo los valores de esa palabra los únicos de la frase, éstos se convierten en los valores de la frase. En el caso de la segunda frase (verbal), ambos elementos tienen valores asociados. Por lo que los valores se acumulan para dar a la frase 0,65 y de 0,02 de magnitud positiva y negativa respectivamente.

5.4.5.3 Análisis de dependencias entre frases

Cuando todas las frases de una oración han sido evaluadas y calificadas como positivas o negativas, el algoritmo usa reglas para determinar la relación entre las frases y calificar la oración como positiva o negativa usando los valores calculados de las frases.

El caso seleccionado en las secciones anteriores resulta sumamente ilustrativo puesto que puede observarse antes de todo análisis que la polaridad de la oración es evidentemente negativa

> *"Life without Aspirin is better"*

Sin embargo, el análisis de las frases de forma independiente muestra una tendencia positiva. Un análisis de sentimientos que sólo considere las magnitudes de los elementos como si fueran independientes como es el caso de naive Bayes emitiría una clasificación errónea.

En el grafo de relaciones de la figura 5.4 se puede observar que entre los dos elementos cabecera de las frases existe una relación indirecta a través del adjetivo *better*. Las tres relaciones de este ejemplo, cop(), nsubj() y prep_without() resultan indispensables para llegar a la clasificación final. La primera y la segunda ayudan a describir al sustantivo life, dando una idea temporal de orientación semántica positiva:

> *"Life is better"*

La tercera relación, prep_without(), resulta determinante en este caso. Como se describe más adelante en la siguiente sección, without es un caso de negación por lo que la oración podría interpretarse también como:

> *"Life with no Aspirin is better"*

En esta propuesta las calificaciones de las frases en donde los objetos de opinión estén negados se invierten por lo que la calificación final para toda la oración que en este caso es también todo el tweet termina con 0,02 de calificación positiva y 0,67 de calificación negativa.

Desde el punto de vista de la evaluación de las relaciones entre los elementos, la propuesta planteada es un enfoque basado en reglas, las cuales ayudan a determinar la clase final de un mensaje determinado.

5.4.5.4 Comparaciones y negaciones

Las comparaciones son un caso especial en donde la orientación del sentimiento hacia el objeto de opinión puede determinarse por conjunciones en la oración en lugar de la orientación de las palabras con polaridad tales como los verbos o adjetivos. En la oración:

> *"Samsung Galaxy s4 is way better than iPhone5"*

No hay palabras cargadas de polaridad calificando a iPhone5 sino a Samsung *Galaxy S4* pero la cláusula comparativa *better than* otorga al objeto de opinión una calificación negativa. Otro ejemplo de comparaciones es el uso de conjunciones negativas que juegan el mismo papel que el ejemplo anterior. Las conjunciones negativas tomadas en cuentas en esta propuesta fueron: "but not", "rather than", "instead of" y "but rather". Algunos ejemplos del uso de estas conjunciones son las oraciones:

> *"I prefer Window 7 rather than Ubuntu"*
> *"Use chrome instead of firefox"*

El analizador sintáctico genera las relaciones prep_than(), prep_but y conj_negcc() que incluyen todos los casos mencionados.

El caso de las negaciones es más directo que el de las comparaciones porque se presentan con el uso de las palabras de negación "not", "no", "nothing", "never" y se identifican con las relaciones neg() y npadvmod().

Todas la comparaciones y negaciones mencionadas que afectan negativamente la valoración del objeto de opinión se interpretan invirtiendo las calificaciones de polaridad.

142

5.4.5.5 Preguntas

A diferencia de otras propuestas, en esta propuesta no se eliminan las preguntas por considerarse como neutras. (Zhang, Ghosh, Dekhil, Hsu, & Liu, 2011) por ejemplo eliminan las preguntas que siguen el formato:

Palabra modelo + verbo auxiliar + ... + signo de interrogación.

Donde la palabra modelo es cualquiera de las siguientes: *what, where, when, why* y *who*; los verbos auxiliares pueden ser *be* o *do*. Durante el análisis de los mensajes que se utilizaron para los experimentos de esta propuesta, se detectó que algunas preguntas contienen orientación del sentimiento. Los siguientes ejemplos son preguntas que contienen una orientación semántica.

"Anyone else struggling with hotmail timing out?"
"Honestly. What's better than Firefox?"

La segunda pregunta sigue el modelo planteado y también tiene una orientación semántica.

En esta propuesta, las preguntas cuyos verbos o adjetivos califiquen directa o indirectamente al objeto de opinión son analizadas y clasificadas de la misma forma que el resto de las sentencias. Sólo se etiquetan directamente como neutras aquellas que no contienen al objeto de opinión o aquellas que no contienen verbos ni adjetivos que se relacionen con el objeto de opinión.

5.4.6 Clasificación del sentimiento

Una vez que todas las oraciones de un mensaje han sido calificadas, las magnitudes positiva y negativa se acumulan para obtener la magnitud final del tweet. Como ya se mencionó anteriormente, cuando la diferencia entre las magnitudes es menor al coeficiente de neutralidad, el mensaje se clasifica como neutro de lo contrario la polaridad que se adopta es la correspondiente a la magnitud mayor ya sea positiva o negativa.

5.4.6.1 Tweets con oraciones múltiples

Frecuentemente en el análisis de frases de una oración, los elementos cargados con orientación semántica positiva o negativa no se encuentran en una oración concreta sino en oraciones sucesivas. El tweet siguiente, por ejemplo:

"what Aspirin have in it? I feel much better"

Expresa un sentimiento positive pero en la oración siguiente a la que contiene el objeto de opinión. La primera oración no contiene elementos de subjetividad pero tienen la utilidad de contener al objeto de opinión.

Estos casos se consideraron en la propuesta añadiendo una regla que permite evaluar oraciones que no contienen el objeto de opinión pero que siguen a una oración neutra que sí lo contiene.

5.4.6.2 Identificación de términos clave

Las dependencias gramaticales entre palabras detectadas por el analizador sintáctico que sirven para evaluar las relaciones directas e indirectas del objeto de opinión con algunos términos clave tales como verbos adjetivos, adverbios y otros sustantivos también sirven para identificar estos términos clave.

Tal como se describió en el capítulo 3, el análisis de sentimientos basado en características (sección 3.1.5) se centra en la idea de que una opinión se compone de un objeto y un sentimiento o actitud asociado a éste (Liu B. , 2010). Mientras que el análisis basado en características se enfoca en el objeto y sus propiedades, las palabras utilizadas para expresar los sentimientos o actitudes pueden ser utilizadas como indicadores positivos o negativos de conceptos e ideas asociadas al objeto.

Estudios previos en el campo de la mercadotecnia se han enfocado en identificar relevancia de cierto vocabulario de acuerdo conl uso frecuente y el contexto en que se hace de éste (Kumar & Mirchandani, 2012). Estos autores desarrollaron el índice de adhesividad (*the Stickiness Index-SI*) para determinar el grado de influencia del boca a boca electrónico en una categoría particular de palabras. Las palabras más frecuentemente utilizadas por los individuos en una red social se consideran de alta influencia.

Por lo tanto al considerar los dos siguiente hechos:

> a) El vocabulario más utilizado en una categoría específica por los usuarios de una red social se considera de alta influencia para el resto de los otros usuarios
> b) El algoritmo de esta propuesta identifica las palabras más frecuentemente usadas para emitir opiniones hacia los objetos.

Se consideró que al generar el vocabulario más utilizado para emitir opiniones presentado de forma general y organizado por categorías (verbos, adjetivos, adverbios y sustantivos) de palabras puede mejorar el boca a boca electrónico.

Las tablas y figuras siguientes presentan el vocabulario detectado como más frecuente para el producto Gmail.

Adjectivos		Adverbios		Sustantivos		Verbos	
Palabra	Fre-cuen-cia	Palabra	Frecuen-cia	Palabra	Frecuen-cia	Palabra	Frecuen-cia
new	7	now	5	url	9	have	12
better	5	just	4	email	5	get	7
mobile	4	so	4	account	4	love	7
awesome	3	very	2	emoticon	4	do	4
much	2	really	2	fealure	3	see	3
cool	2	finally	2	phone	2	google	3
				message	2	use	3
				home	2	attach	3
				post	2	need	2
				mail	2	like	2
				way	2	help	2
				blog	2	addict	2
						change	2
						look	2
						set	2
						go	2
						down	2
						read	2
						send	2

Tabla 5.6. Vocabulario más frecuente en las opiniones positivas hacia Gmail

145

Figura 5.5. Nube de palabras para el vocabulario en opiniones positivas

Los datos presentados en estas tablas (5.6 y 5.7) se pueden emplear para generar información más visual tal como las nubes de palabras presentadas en las figuras 5.5 y 5.6. Dado que el vocabulario identificado se presenta clasificado por categorías, es posible generar nubes de palabras por categorías.

Adjectivos		Adverbios		Sustantivos		Verbos	
Palabra	Fre-cuen-cia	Palabra	Frecuen-cia	Palabra	Frecuen-cia	Palabra	Frecuen-cia
new	12	now	5	fuck	7	get	7
terrible	6	really	3	feature	6	have	6
stupid	5	rigght	3	google	6	work	6
better	3	even	2	email	6	compose	6
worst	2	so	2	reason	3	account	4
crazy	2	only	2	text	3	use	3
happy	2			contact	2	piss	3
crappy	2			Mara	2	go	3
				time	2	block	3
				Beck	2	stink	3
				logic	2	like	3
				student	2	let	3
				mail	2	hate	2

				staff	2	make	2
						send	2
						dislike	2
						annoy	2
						open	2
						think	2
						know	2
						do	2
						mess	2
						update	2
						set	2
						access	2
						love	2

Tabla 5.7. Vocabulario más frecuente en las opiniones negativas hacia Gmail

Figura 5.6. Nube de palabras para el vocabulario en opiniones negativas

5.5 Configuración de los experimentos

Tanto las herramientas como los productos y servicios utilizados para esta parte de la investigación se seleccionaron a partir de las seleccionadas para los experimentos descritos en el capítulo 4. De las seis herramientas seleccionadas para el capítulo referido, sólo 3 cumplían con los siguientes criterios:

a) Publican los tweets que utilizan para el análisis
b) Indican qué método utilizan para la clasificación.

Esta información resulta indispensable para la evaluación de la eficiencia. Las herramientas seleccionadas fueron Sentiment140, Twitrratr y TweetFeel. En las figuras 5.7, 5.8 y 5.9 se pueden observar los resultados de análisis de sentimientos de estas herramientas evaluando tweets que expresen sentimientos hacia los productos iPad, NetFlix y Hotmail respectivamente.

En el resultado final de Sentiment140 y TweetFeel se expresan solamente los porcentajes positivo y negativo de opiniones y no se reporta un porcentaje de tweet clasificados como neutros, sin embargo, al tener los mensajes disponibles es posible evaluar la eficiencia de ambas herramientas en la detección de neutralidad.

Figura 5.7. Resultados de Sentiment140 con tweets de iPad

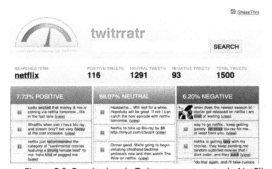

Figura 5.8. Resultados de Twitrratr con tweets de NetFlix

Figura 5.9. Resultados de TweetFeel con tweets de Hotmail

Se realizaron pruebas con las tres herramientas y los 20 productos y servicios listados en la tabla 5.8. Los tweets publicados por las herramientas seleccionadas se recopilaron para formar el conjunto de pruebas del algoritmo propuesto. Las razones para este conjunto de datos como corpus fueron 2. Primero, aunque hay conjuntos de datos disponibles públicamente conformados por tweets para la evaluación del análisis de sentimientos, ninguno está orientado a la clasificación de sentimientos dependiente del objeto de opinión por lo que los tweets recopilados en la pruebas con la herramientas se etiquetaron también con el nombre del objeto correspondiente. Segundo, para tener la posibilidad de evaluar la eficiencia de las herramientas es necesario contar con los tweets que éstas utilizaron en su análisis. El conjunto original de tweet fue de 3823, después de eliminar aquellos mensajes repetidos, el conjunto de datos se conformó de 2.059.

Los productos y servicios seleccionados (tabla 5.8) se utilizaron en estos experimentos considerando que son nombres bien conocidos y por lo tanto difícilmente ambiguos.

Productos		Servicios	
• iPhone 5	• Viagra	• Gmail	• FedEx
• iPad	• Thermomix	• Hotmail	• InterRail
• Windows 8	• Whopper	• PayPal	• Cinemark
• Ubuntu	• McNuggets	• Netflix	• Cinepolis
• Firefox	• Aspirin	• Wikipedia	• McFit

Tabla 5.8. Lista de productos y servicios empleados en los experimentos

Los tweets del conjunto de datos fueron etiquetados por tres expertos humanos como positivos, negativos y neutros (Tabla 5.9). Los Tweets que fueron etiquetados como neutros tenían una de las siguientes características:

a) No se emite ningún tipo de opinión
"I have just updated my blog Today it is about Aspirin http://t.co/rlrUQ2VJqK"

b) La opinión emitida no se relacionaba con el objeto de opinión.
"Old man just called Firefox fire box LOL funniest thing that I've heard all week"

A diferencia de la investigación previa sobre análisis de sentimientos centrada en el objeto de opinión, que realiza una clasificación previa de objetividad/subjetividad, el método propuesto no realiza explícitamente esta clasificación por lo que lo mensajes clasificados como neutros sirvieron para evaluar también la capacidad de la propuesta para identificar la objetividad.

	Clasificación manual de expertos			
	Positivo	**Negativo**	**Neutro**	**Totales**
Sentiment 140	168	123	353	644
TweetFeel	304	455	84	843
Twitrratr	205	93	274	572
Totales	677	671	711	2059

Tabla 5.9. Clasificación manual de expertos humanos

La confiabilidad de la clasificación realizada por los expertos humanos se evaluó utilizando el coeficiente alfa de Cronbach. La eficiencia de los algoritmos seleccionados y el propuesto se evaluó utilizando como medidas: exactitud, precisión y recuperación.

5.6 Resultados y Discusión

5.6.1 Confiabilidad de clasificación por humanos
Es una práctica común identificada en el estudio del estado del arte, que el etiquetado manual de los datos de entrenamiento se lleve a cabo por un humano o que esto no se reporte en los artículos de investigación. Está comprobado que los humanos no siempre están de acuerdo en la clasificación

del texto (George & Mallery, 2010; Gwet, 2014) por lo que antes de considerar los datos clasificados por los humanos como correctos es recomendable someterlos a un análisis de confiabilidad. En el trabajo descrito en este capítulo el análisis de confiabilidad de la clasificación de tweets realizada por los humanos (tabla 5.10) se realizó utilizando el alfa de Cronbach.

		Objetos	Porcentajes positivos		
			Experto 1	Expero 2	Expero 3
TI	Productos	iPhone 5	60	56	59
		iPad	53	56	54
		Windows 8	42	52	48
		Ubuntu	60	56	62
		Firefox	60	56	62
	Servicios	Gmail	44	43	48
		Hotmail	15	19	24
		PayPal	51	61	67
		23	23	34	35
		Wikipedia	48	49	55
No TI	Productos	Viagra	62	62	65
		Thermomix	87	82	92
		Whopper	86	86	87
		McNuggets	77	59	76
		Aspirin	65	31	70
	Servicios	FedEx	21	34	34
		InterRail	84	84	93
		Cinemark	45	58	60
		Cinepolis	73	83	94
		McFit	92	79	85

Tabla 5.10. Resultados del análisis de sentimientos por humanos

El coeficiente alfa de Cronbach generado para los porcentajes positivos de los tres expertos es de 0.964, lo cual significa una confiabilidad excelente. Por lo anterior, se consideró que los resultados de la clasificación por humanos son adecuados como base para la evaluación de la eficiencia de los algoritmos seleccionados para los experimentos y el algoritmo propuesto.

En la tabla 5.10 que muestra los porcentajes positivos de la clasificación por expertos, se puede observar la similitud de estos resultados.

5.6.2 Medidas de eficiencia

A diferencia de la mayoría de los estudios del análisis de sentimientos detallados en el capítulo 3, para evaluar la propuesta presentada se utilizaron además de la exactitud (accuracy), la precisión (precision) y la recuperación (recall). La exactitud puede dar una idea global de la eficiencia de un algoritmo pero la precisión y la recuperación se enfocan más en los resultados correctos.

Para ilustrar estas tres medidas de eficiencia puede observarse la figura 5.10, en la cual se muestran visualmente los resultados de una clasificación. Suponiendo que un algoritmo determinado analiza un conjunto de correos para identificar aquellos que pertenecen a la clase SPAM. Puede observarse que hay un conjunto de mensajes que sí son SPAM, otro conjunto que fueron los identificados como SPAM y el total de los mensajes.

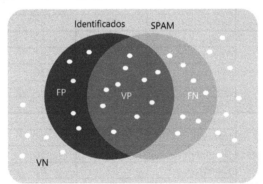

Figura 5.10. Representación de la eficiencia en la clasificación.

Los verdaderos positivos (VP) son los que se identificaron como SPAM y de hecho sí lo son. Los falsos positivos (FP) son los que se identificaron erróneamente como SPAM. Los verdaderos negativos (VN) son los que correctamente no se identificaron como SPAM y los falsos negativos (FN) son los que no se identificaron como SPAM pero de hecho sí lo son.

La exactitud es la proporción de elementos (textos en el caso del análisis de sentimientos) correctamente clasificados entre el total de los textos evaluados.

$$Exactitud= \frac{VP + VN}{VP + VN + FP + FN}$$

Fórmula 5.1. Exactitud

La precisión es la proporción de textos correctamente clasificados entre todos los identificados como correctos.

$$Precisión= \frac{VP}{VP + FP}$$

Fórmula 5.2. Precisión

La recuperación es la proporción de textos correctamente clasificados entre todos los que sí son correctos

$$Recuperación= \frac{VP}{VP + FN}$$

Fórmula 5.3. Recuperación

Lo que convierte a la precisión y a la recuperación en mejores medidas de eficiencia es que dan más importancia a lo que se identificó correctamente (VP) en contraposición con la exactitud. Para estar en condiciones de evaluar la eficiencia se debe partir de datos que se saben correctos (el conjunto de correos SPAM en el caso del ejemplo ilustrado con la figura 5.10), por lo que en esta parte de la investigación se consideraron correctos los tweet en lo que hubo un acuerdo total por parte de los 3 expertos humanos (tabla 5.9).

5.6.3 Resultados de eficiencia de las herramientas seleccionadas
En las siguientes tablas se puede apreciar la eficiencia de las tres herramientas seleccionadas en la clasificación de los tweets publicados por ellas mis-

mas tomando como base de comparación los resultados de la clasificación por humanos (tabla 5.9). La eficiencia se evalúa por separado para la clase positivo (tabla 5.11), negativo (tabla 5.12) y neutro (tabla 5.13).

Con la finalidad de ilustrar el cálculo de la eficiencia, se ejemplifica el caso de los tweets positivos para Sentiment140. De los 644 tweets publicados por Sentiment140, los humanos estuvieron totalmente de acuerdo en que 168 son positivos, 123 negativos y 353 neutros (véase tabla 5.9). Al observar la tabla 5.11, se puede apreciar que Sentiment140 clasificó como positivos sólo 129 de los 168 considerados correctos, es decir los verdaderos positivos (VP) fueron sólo 129 por lo que los falsos negativos (FN) son los 39 restantes. También se puede observar que los que no fueron positivos para los humanos es la suma de los negativos (123) más los neutros (353), es decir 476. Sentiment140 clasificó erróneamente 189 tweets como positivos (FP) de esos 476 por lo que los restantes 287 son los que efectivamente no son positivos (VN). Al sustituir los datos en las fórmulas, se tiene:

$$Exactitud = \frac{129 + 287}{129 + 287 + 189 + 39} \qquad Precisión = \frac{129}{129 + 18} \qquad Recuperación = \frac{129}{129 + 39}$$

Los resultados de este ejemplo son los correspondientes a Sentiment140 en la tabla 5.11.

Herramientas	VP	FN	VN	FP	Exactitud%	Preción%	Recuperación%
Sentiment140	129	39	287	189	64.60	40.57	76.79
TweetFeel	284	20	444	95	86.36	74.93	93.42
Twitrratr	135	70	289	78	74.13	63.38	65.85

Tabla 5.11. Eficiencia de las herramientas seleccionadas (tweets Positivos)

Herramientas	VP	FN	VN	FP	Exactitud%	Preción%	Recuperación%
Sentiment140	109	14	437	84	84.78	56.48	88.62
TweetFeel	405	50	333	55	87.54	88.04	89.01
Twitrratr	56	37	392	87	78.32	39.16	60.22

Tabla 5.12. Eficiencia de las herramientas seleccionadas (tweets Negativos)

Herramientas	VP	FN	VN	FP	Exactitud%	Preción%	Recupera-ción%
Sentiment140	106	257	264	27	57.45	79.70	30.03
TweetFeel	0	84	755	4	89.56	0.00	0.00
Twitrratr	149	125	231	67	66.43	68.98	54.38

Tabla 5.13. Eficiencia de las herramientas seleccionadas tweets (tweets Neutros/Objetivos)

Una práctica frecuente en investigaciones previas es la presentación de los resultados de la eficiencia usando sólo la exactitud como medida. No obstante, esta medida al ser de carácter más general no es capaz de determinar la eficiencia de las herramientas para identificar la mayoría de los casos correctos. Un ejemplo ilustrativo de la desventaja de esta medida de eficiencia (exactitud) se presenta en la tabla 5.13 que muestra la eficiencia de las herramientas seleccionadas para identificar correctamente los tweet neutros. La herramienta TweetFeel reporta una exactitud de 89.56%, un porcentaje aparentemente muy bueno. Al ser utilizadas también la precisión y la recuperación como medidas de eficiencia, se puede observar un resultado inaceptable con resultados de 0% para ambas medidas. Al tomar como base correcta la clasificación por humanos (tabla 5.9) se puede observar que de los 843 tweet publicados por TweetFeel, los humanos identificaron 84 como neutros de los cuales ninguno fue correctamente identificado por TweetFeel.

5.6.4 Resultados de eficiencia de la propuesta

Los resultados de la propuesta muestran una mejora al clasificar los tweets positivos y neutros pero no al clasificar tweets negativos. Al observar la clase "positivo" para los tweets identificados con opinión positiva en la tabla 5.14 y compararlos con la eficiencia de las herramientas para la misma clase (tabla 5.11) se observa un buen margen de mejora en las tres medidas.

Tweets publica-dos por:	Resultados de Sentweet Clase "Positivo"						
	VP	FN	VN	FP	Exactitud%	Precisión%	Recupera-ción%
Sentiment140	134	34	333	143	72.52	48.38	79.76
TweetFeel	290	14	451	88	87.90	76.72	95.39
Twitrratr	161	44	291	76	79.02	67.93	78.54

Tabla 5.14. Eficiencia de Sentweet (tweets Positivos)

Sin embargo, el panorama es diferente cuando se compara la eficiencia para la clase negativa (tabla 5.15). Sentiment140 y TweetFeel reportan mejor eficiencia que Sentweet, lo cual denota una debilidad de éste en la identificación de tweets con opinión negativa en comparación con estas dos herramientas. La única herramienta con menor eficiencia que Sentweet en la clasificación de tweets con opinión negativa es Twitrratr que utiliza el algoritmo basado en palabras clave (*keyword-based*).

Un análisis más profundo de las razones por las cuales Sentweet resulta menos eficiente al clasificar los tweets con opinión negativa permitió identificar los siguientes motivos:

a) Mensajes cuya opinión no se encuentra gramaticalmente cercana al objeto de opinión, de tal forma que el analizador sintáctico no encuentra las relaciones adecuadamente. Un ejemplo de esta situación es el siguiente tweet.
"Blocked Ears Fluid Hearing tinnitus noises or ringing sometimes can be as a result of aspirin"

b) Mensajes cuya semántica resulta complicada al analizar la opinión. En el siguiente caso por ejemplo (calificado como positivo por Sentweet), los humanos parecen interpretar poca eficacia del medicamento o simplemente una actitud predominantemente negativa mientras que el analizador propuesto detecta una verdadera necesidad del medicamento que interpreta como actitud positiva hacia éste.

"just landed at j.town. please headache go away !!! maybe i really really need 1000 aspirin to kill this fuckin' disease :s"

c) Mensajes que pueden no tener una opinión como tal hacia el objeto pero tener una connotación global negativa.

"that has aspirin in it so i don't think so. i could b wrong tho. my dr told me not to take any aspirin while pregnant or nursing"

d) Mensajes escritos sin utilizar reglas gramaticales correctas.

"@jemjem1983 vitamin c + calcium + aspirin = won't develop into anything. hot milk + butter + honey = throat pain goes away :d"

La mayoría de los ejemplos descritos resultan sencillos de evaluar para los humanos por la gran capacidad de éstos para identificar el significado del texto y para comprender textos ambiguos, así como la tolerancia a errores de escritura y de sintaxis.

Un aspecto interesante de los casos mencionados es que varios de ellos pueden ser correctamente clasificados mediante el uso del sencillo método de conteo de palabras y expresiones negativas, el enfoque de bolsas de palabras por la cantidad de palabras con connotación negativa contenidos en ellos.

Tweets publicados por:	Resultados de Sentweet Clase "Negativo"						
	VP	FN	VN	FP	Exactitud%	Precisión%	Recuperación%
Sentiment140	58	65	434	87	76.40	40.00	47.15
TweetFeel	294	161	352	36	76.63	89.09	64.62
Twitrratr	65	28	402	77	81.64	45.77	69.89

Tabla 5.15. Eficiencia de Sentweet (tweets Negativos)

La eficiencia en los resultados de la clasificación de mensajes neutros es un buen indicador de la capacidad de un algoritmo para distinguir entre la objetividad y la subjetividad en el texto. Al comparar la eficiencia de Sentweet (tabla 5.16) con las herramientas, se puede encontrar también una mejora en las tres medidas. El caso más sobresaliente es el de los tweets publicados por TweetFeel. En este caso se puede observar que la exactitud es muy similar por lo que al comparar sólo esta medida se podría deducir muy poca mejora en los resultados de la clasificación. Sin embargo, al comparar la precisión y la recuperación se observa una mejora considerable. Con base a estos resultados se puede asegurar que el coeficiente de neutralidad introducido en esta propuesta funciona con buenos resultados. Sin embargo para llegar a una conclusión más contundente habría que estudiar la influencia que tiene este coeficiente en la clasificación menos eficiente de los tweets con opinión negativa.

Tweets publica-dos por:	Resultados de Sentweet Clase "Neutro"						
	VP	FN	VN	FP	Exactitud%	Precisión%	Recupera-ción%
Sentiment140	170	183	278	13	69.57	92.90	48.16
TweetFeel	23	61	751	8	91.81	74.19	27.38
Twitrratr	178	96	242	56	73.43	76.07	64.96

Tabla 5.16. Eficiencia de Sentweet (tweets Neutros)

Como ya se comentó en la sección 5.6, aquellos tweets cuya opinión no se centraba en estos objetos fueron etiquetados como neutros por los expertos humanos. Por lo que en relación al análisis de sentimientos centrado en el objeto de opinión, le mejora en la eficiencia de la clasificación de tweets neutros es una mejora también en la capacidad para identificar tweets cuyo opinión no se centre en el objeto de opinión.

	Exactitud%		Precisión%		Recuperación%	
	Herra-mientas	Sentweet	Herra-mientas	Sentweet	Herra-mientas	Sentweet
Senti-ment140	57.45	69.57	79.70	92.90	30.03	48.16
TweetFeel	89.56	91.81	0.00	74.19	0.00	27.38
Twitrratr	66.43	73.43	68.98	76.07	54.38	64.96

Tabla 5.17. Comparativa de eficiencia en la clasificación de tweets neutros

La tabla 5.17 compara la eficiencia de las herramientas para clasificar tweet neutros contra la eficiencia de Sentweet. La exactitud puede ser un tanto ambigua al reportar mejoras en la eficiencia como ya se ha mencionado. Por lo que los resultados a los que se deben prestar más atención son la precisión y la recuperación. La tabla 5.18 nos muestra los incrementos en los tres índices.

	Exactitud%	Precisión%	Recuperación%
Sentiment140	12.12	13.20	18.13
TweetFeel	2.25	74.19	27.38
Twitrratr	7.00	7.09	10.58

Tabla 5.18. Porcentajes mejorados de eficiencias en la clasificación centrada en el objeto

Tanto la precisión como la recuperación se concentran en los resultados correctos y no en los resultados globales como la exactitud.

5.7 Resumen del capítulo

El objetivo fue desarrollar un algoritmo para el análisis de sentimientos en tweets. La idea central de esta propuesta fue evitar ineficiencias en el procesamiento de los tweets en que incurren otros métodos de análisis de sentimientos disponibles (las cuales se explican en detalle más adelante). Utilizando como datos de prueba, un conjunto de 2.059 mensajes de Twitter que fueron analizados previamente por tres herramientas de análisis de sentimientos disponibles públicamente y etiquetados manualmente por un grupo de expertos humanos como positivos, negativos y neutros, se evalúo la eficiencia de la propuesta en comparación con la eficiencia de las tres herramientas mencionadas.

Para evitar el doble proceso que implica clasificar primero los mensajes como subjetivos u objetivos y posteriormente clasificar aquellos mensajes subjetivos como positivos o negativos de acuerdo con la orientación del sentimiento, se reentrenó el léxico introduciendo un coeficiente de objetividad para los verbos y adjetivos que contribuyen a orientar semánticamente a los mensajes ya sea positiva o negativamente. La principal implicación práctica de la propuesta es que con la disponibilidad de grandes cantidades de tweets para el análisis de sentimientos, un algoritmo que sea capaz de realizar un análisis de sentimientos de forma eficiente y sin incurrir en dobles procesamientos puede otorgar a los usuarios resultados disponibles más rápidamente. Considerando además que, utilizando este enfoque, es posible detectar y extraer las palabras de opinión utilizadas más frecuentemente para emitir opiniones positivas y negativas hacia determinado objeto, el algoritmo produce esta información que puede mejorar la práctica del boca a boca electrónico con herramientas visuales como nubes de palabras, y otras.

Los resultados de los experimentos demuestran que es posible obtener mejores resultados a los obtenidos con otros algoritmos que no se enfocan en determinar el sentimiento relacionado directamente con el objeto de opinión sin necesidad de efectuar dobles procesos para la clasificación (López, Sánchez, & Sicilia, 2015).

Capítulo 6

Predicción de calificación de hoteles mediante el Análisis de Sentimientos

En este capítulo se detalla el trabajo realizado para el desarrollo de una propuesta de predicción de calificaciones cuantitativas a partir de valoraciones textuales cualitativas de acuerdo con el objetivo O3 de esta investigación.

6.1. Introducción

El desarrollo de un método automático para identificar los sentimientos o actitudes de los clientes hacia personas, servicios o productos en función de los contenidos generados por los usuarios tiene un enorme valor para investigadores, corporaciones y los mismos clientes. Esta es la meta del análisis de sentimientos que ha sido desarrollado para identificar opiniones en los comentarios escritos. La conversión de opiniones o actitudes en texto a números es una forma de sintetizar las experiencias de los clientes, permitiendo a otros clientes potenciales tomar la decisión sobre la compra de productos o contratación de servicios y permitiendo a las compañías tomar decisiones sobre el lanzamiento de nuevos productos o el rediseño de productos y servicios.

El impacto significativo de las críticas en línea sobre la comunicación boca a boca electrónica (eWoM) está ahora bien establecida (Cantallops & Salvi, 2014; Zhu & Zhang, 2006). Sin embargo, la cantidad de contenido generado por los usuarios de los medios sociales hace prácticamente imposible la revisión detallada de las opiniones (es poco práctico, por no decir imposible, leer cientos de opiniones sobre un cierto hotel en particular en la Web de TripAdvisor.com). Las características del análisis de sentimientos lo convierten en una herramienta poderosa para condensar las opiniones en pequeños datos fácilmente asimilables.

El sector turístico y la hostelería son un ejemplo excelente de industria en la cual el éxito de los productos y servicios dependen cada vez más de los contenidos generados por los usuarios de medios sociales. Sitios como like.com, Booking.com y HolidayCheck.com permiten a los usuarios calificar numéricamente a los hoteles además de emitir comentarios relacionados con sus experiencias. No obstante, existen otros sitios, especialmente foros de viajeros como travelerspoint.com, lonelyplanet.com y losviajeros.com en los que los usuarios sólo indican sus experiencias en texto. Estos y otros sitios con similares características pueden completarse mediante la implementación de un servicio basado en el análisis de sentimientos para el cálculo automático de calificaciones de hoteles y otros servicios, lo cual facilitaría al usuario un modo rápido de juzgar el producto o servicio en cuestión.

La transformación de los resultados del análisis de sentimientos a números ha sido utilizada anteriormente por otros investigadores. (Ganu, Elhadad, & Marian, Beyond the Stars: Improving Rating Predictions using Review Text Content., 2009) usaron el concepto de porcentaje positivo de oraciones (positive sentence percentage - PSP) para evaluar las calificaciones de restaurantes. PSP que ha motivado otras investigaciones (Pang & Lee, 2005), es una técnica que califica sólo un texto calculando el porcentaje de las oraciones clasificadas como positivas. La investigación documentada en el presente capítulo no es sobre el porcentaje positivo de oraciones sino la transformación del porcentaje positivo de todos los comentarios de cada hotel en una calificación para ese hotel.

6.2. Descripción detallada del problema

Una desventaja del contenido generado por el usuario en los medios sociales es el aumento masivo de la cantidad disponible de opiniones en texto, por lo que resulta impráctico para cualquier usuario leer todas las opiniones emitidas para un producto o servicio para formarse una idea clara y precisa de la calidad de éstos.

La disponibilidad de un algoritmo para convertir un gran número de comentarios en texto a calificaciones numéricas permitiría a usuarios y vendedores evaluar la polaridad de los comentarios y obtener una clara imagen global de la experiencia de otros usuarios. El análisis de sentimientos puede ser perfecto para esta tarea siempre y cuando el proceso de transformación sea validado de forma científica.

Antes de la llegada del boca a boca electrónico y la tecnología relacionada, los investigadores de mercadotecnia y economía utilizaban diferentes estudios para recopilar datos acerca de las opiniones de los clientes sobre sus experiencias con los productos y servicios. En contraste, las críticas en línea generadas por los clientes proveen opiniones, usualmente en formato no estructurado, en el idioma original del cliente, lo que las convierte en una fuente abundante de datos pero también más difícil de cuantificar y de analizar de forma automática.

Dado el potencial del análisis de sentimientos para la transformación de grandes cantidades de comentarios de texto en pequeñas unidades cuantitativas de sentimientos, se emprendió el presente estudio para abordar las siguientes preguntas de investigación:

1. ¿Existe correlación entre el análisis de sentimientos de críticas de hoteles y las calificaciones globales asignadas a estos en TripAdvisor?
2. ¿Puede el análisis de sentimientos de las críticas de hoteles confiablemente predecir las calificaciones reales de los hoteles en TripAdvisor?

6.3. Metodología

Para llevar a cabo el experimento se extrajeron 1.335.781 críticas de todos los hoteles registrados en TripAdvisor de 7 ciudades en el mundo junto con las calificaciones globales para cada hotel (en una escala del 1 al 5). Las calificaciones asignadas a los hoteles en TripAdvisor son el promedio de las calificaciones numéricas asignadas a los hoteles por los usuarios cuando envían sus comentarios o críticas. Tres de las ciudades elegidas fueron Londres, París y Nueva York, las cuales están entre las ciudades que reciben las cantidades más grandes de visitas turistas en el mundo (Bremner & Grant, 2014; Hedrick-Wong & Choog, 2014). Dado que algunas de las herramientas y recursos seleccionados sólo funcionan con textos en inglés, se seleccionaron otras ciudades tales como Las Vegas, Nevada y Anaheim, California que también son destinos turísticos importantes pero con la peculiaridad de que el porcentaje de críticas en idioma inglés es alto, es decir cercano o superior al 90%. La cantidad de críticas de estas 5 ciudades eran suficiente para los objetivos de esta investigación, no obstante, con la finalidad de evaluar los resultados en una variedad más amplia de contextos se seleccionó una ciudad con menos visitas turísticas que las anteriores pero también con un alto porcentaje de críticas en inglés (Santa Ana, California) y otra ciudad turística pero con una proporción baja de críticas en inglés (Alcalá de Henares España).

Mediante el acceso a TripAdvisor.com fue posible obtener tanto la información cualitativa como la cuantitativa proveniente del mismo sitio Web y de los mismos usuarios. Se aplicaron tres herramientas de análisis de sentimientos, OpinionFinder, Stanford CoreNLP y un software de diseño propio (SentUAH), a los comentarios para determinar los porcentajes positivos de críticas para los hoteles y se evaluó la correlación de estos porcentajes con las calificaciones reales de los hoteles. Estos mismos porcentajes se utilizaron para "predecir" las calificaciones de los hoteles las cuales se compararon con las calificaciones reales. La correlación de Pearson y la gráfica de dispersión se utilizaron para determinar la correlación entre el análisis de sentimientos de los comentarios y las calificaciones reales. El alfa de Cronbach y la correlación Intra-clase (*Intra-class correlation* - ICC) se utilizaron para evaluar la confiabilidad de las calificaciones calculadas.

6.3.1. Extracción de datos
Se desarrolló un Web crawler utilizando la interfaz de programa de aplicación de HTMLUnit para extraer los datos desde el sitio TripAdvisor.com. El crawler se diseñó para navegar a través del sitio web y recuperar las críticas y las calificaciones de todos los hoteles registrados de cada ciudad seleccionada. Este método de recolección de datos ha sido calificado como efectivo en la extracción de datos desde sitios Web generados dinámicamente (Gerdes Jr & Stringam, 2008).

6.3.1.1 TripAdvisor
TripAdvisor es un medio social especializado en registrar los comentarios o críticas de los usuarios de servicios de Hoteles, departamentos en alquiler y restaurantes. También proporciona información sobre ciudades y vuelos. TripAdvisor permite que los usuarios de los servicios, califiquen en forma cuantitativa y cualitativa hoteles, departamentos, atracciones y restaurantes.

Figura 6.1. Registro de crítica y calificación para un hotel en TripAdvisor

La interfaz permite calificar primero de forma general el hotel (figura 6.1) y después de forma más específica (figura 6.2) indicar valores para las distintas opciones de servicio del establecimiento o negocio.

Figura 6.2. Registro de opinión cuantitativa de los servicios del hotel

Uno de los hechos interesantes es que la calificación global asignada a los hoteles se determina mediante un promedio simple de las calificaciones asignadas por todos los usuarios para un mismo hotel (figura 6.1) y se expresa en la escala del 1 al 5 en múltiplos de 0,5.

6.3.1.2 Desarrollo del Web Crawler
El Crawler se desarrolló en Java utilizando la API de HTMLUnit. HTMLUnit es un navegador Web sin interface de usuario, se acopla perfectamente a software en Java ya que está desarrollado en este lenguaje. Como todo navegador permite viajar entre páginas del mismo sitio o de otros sitios utili-

zando los enlaces contenidos en las páginas Web visitadas. Permite también el llenado y envío de formularios. Esta característica es de suma importancia cuando se utiliza HTMLUnit con la finalidad de obtener datos generados en páginas dinámicas.

Para extraer las críticas hacia los hoteles desde TripAdvisor utilizando HTMLUnit se partió de la página principal de TripAdvisor que se muestra en la siguiente figura.

Figura 6.3. Página inicial de TripAdvisor

En la figura 6.3 se puede observar que sólo es necesario interactuar con dos elementos: el cuadro de texto para indicar la ciudad y el botón para encontrar hoteles. Para la navegación entre páginas en necesario identificar los elementos HTML con los que se va a interactuar. Para tener acceso a los elementos Web de la página, tales como botones, formularios, cuadros de texto, hiperenlaces, párrafos, etc. HTMLUnit necesita conocer el código HTML.

Un complemento de Firefox que resulta de gran importancia para la identificación de los elementos HTML en las páginas Web es Firebug. Este complemento es un paquete de utilidades con las que se puede analizar y editar el código fuente ya sea CSS, HTML y Javascript. En la figura 6.4 se puede apreciar en la parte inferior el código fuente de la misma página de la figura anterior. Los elementos que se visitan en el código se señalan en la versión gráfica de la página, lo que permite la identificación más versátil de los elementos Web.

Figura 6.4. Página inicial de TripAdvisor y Firebug

Al indicar la ciudad de la que se desean extraer los comentarios, el sitio devuelve la página de los hoteles de la ciudad. Una vez en la lista de hoteles es necesario navegar a cada hotel para extraer los comentarios y los datos disponibles de los usuarios que generaron las críticas. La ruta que se siguió para obtener las críticas de los hoteles se muestra en la figura 6.5.

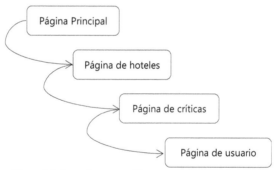

Figura 6.5. Ruta de navegación para recolección de datos

La página de hoteles además de mostrar información relacionada con la cantidad de críticas emitidas por los usuarios y la posición global de cada hotel en las calificaciones de los hoteles de la ciudad, permite navegar hasta los comentarios relacionados con cada hotel. Las figuras 6.6 y 6.7 muestran un ejemplo de estas páginas.

| Figura 6.6. Lista de hoteles de una ciudad | Figura 6.7. Lista de comentarios de un hotel |

Una vez que cada comentario se recolecta se accede a la página de los datos del usuario (figura 6.8) para registrarlos en la base de datos.

Figura 6.8. Datos del usuario

Los datos recolectados se registraron en una base de datos cuya estructura se ilustra en la figura 6.9. Las principales tablas de la base de datos que registran los datos recolectados son: *place, hotel, review y user*. El diseño de la base de datos está en función de las necesidades concretas planteadas en la sección 6.2 en donde se detalló el problema. Las tablas *hotel y review* que almacenan los datos relacionados con las calificaciones cualitativas de los hoteles y los comentarios emitidos por los clientes son las tablas principales. La tabla place si implementó con la finalidad de controlar el orden y el agrupamiento de los hoteles por ciudad y por país. Al considerar que la descarga de datos usando un crawler es lenta, se buscó aprovechar el acceso al sitio web para descargar tantos datos como fuera posible para obtener datos que pudieran ser utilizados con otros propósitos en investigaciones posteriores. Por esta razón se recolectaron los datos de los usuarios que, aunque no son relevantes para la presente investigación, indican la edad, el género, la ubicación y algunas preferencias de viaje, que pueden ser utilizados con fines estadísticos en investigaciones futuras.

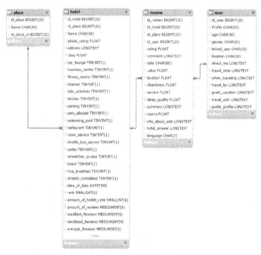

Figura 6.9. Base de Datos de crítica de hoteles

6.3.1.3 Extracción de datos

Los datos se recolectaron entre Abril del 2013 y Mayo del 2014. Considerando que algunas de las herramientas y recursos seleccionados sólo funcionan con textos en inglés, la mayoría de las ciudades seleccionadas cuentan con textos originales en esta lengua (Bremner & Grant, 2014; Hedrick-Wong & Choog, 2014). Sin embargo, para evaluar los resultados del análisis de sentimientos en una variedad de contextos, también se seleccionaron ciudades en donde el idioma principal no es el inglés, así como otras ciudades que reciben relativamente pocas visitas turísticas. La siguiente tabla muestra las cantidades de críticas recopiladas y los porcentajes de críticas en inglés, así como el número de hoteles por ciudad.

Ciudad y País	Número total de críticas	Número de críticas en Inglés	% de críticas en inglés	Número de hoteles por ciudad
Londres, RU	483,478	372,755	77.10	1021
Nueva York, EEUU	312,307	242,661	77.70	418
Las Vegas, EEUU	203,208	180,966	89.05	223
París, Francia	294,995	173,026	58.65	1739
Anaheim, EEUU	39,698	37,817	95.26	90
Santa Ana, EEUU	1,576	1,523	96.64	24
Alcalá de Henares,	519	123	23.70	20
España Total	1,335,781	1,008,871	75.53*	3535

Tabla 6.1. Información de las críticas recopiladas.

*Promedio de porcentajes

6.3.2. Análisis de Sentimientos

Se analizaron las críticas recolectadas de los hoteles utilizando tres algoritmos distintos. Los algoritmos y recursos seleccionados para el análisis han sido utilizados en investigaciones previas y evaluados en diferentes contextos con niveles aceptables de eficiencia (Socher, y otros, 2013; O'Connor, Balasubramanyan, Routledge, & Smith, 2010; He, Macdonald, & Ounis, 2008; Wu & Kumar, 2008).

Dos de los algoritmos seleccionados están implementados en herramientas disponibles públicamente mientras que el tercero se desarrolló desde cero para los fines de esta investigación siguiendo el método naive Bayes con un enfoque semisupervisado en combinación con el léxico de sentimientos SentiWordNet y otros recursos disponibles públicamente.

Los dos primeros, OpinionFinder y Recursive Neural Tensor Network (RNTN), usan algoritmos de aprendizaje automático supervisado y ambos consideran características especiales del lenguaje tales como la negación, intensificaciones, modalidades y comparaciones (Wilson, y otros, 2005; Wilson, Wiebe, & Hoffmann, 2005; Socher, y otros, 2013). En cuanto a la tercera herramienta, está –como ya se dijo– basada en naive Bayes por lo que no considera negaciones ni otras características del lenguaje basándose en la probabilidad de ocurrencia de las palabras de forma independiente en aras de la simplicidad. La finalidad de desarrollar esta última herramienta fue confrontar algoritmos complejos con algoritmos simples al analizar el sentimiento en una gran cantidad de datos y evaluar la confiabilidad de sus resultados en la predicción de calificaciones numéricas.

Dado que algunas de las herramientas están destinadas a trabajar sólo con textos en inglés, el análisis se limitó a las críticas en inglés (1.008.871). Las siguientes secciones describen los detalles de las herramientas y métodos utilizados para analizar la polaridad de los sentimientos en las críticas recolectadas. El estudio se enfocó en detectar la orientación semántica global de las críticas, es decir, en detectar si las críticas tienen una connotación positiva o negativa.

6.3.2.1 OpinionFinder (OFV2)

OpinionFinder es un metaclasificador que está compuesto por varios paquetes de software, y aunque originalmente estaba destinado a la detección de subjetividad (Wilson, y otros, 2005), varios investigadores han utilizado su funcionalidad de detección de sentimientos en la clasificación de textos de acuerdo con la orientación semántica (O'Connor, Balasubramanyan, Routledge, & Smith, 2010; He, Macdonald, & Ounis, 2008). Esta funcionalidad de detección de sentimientos es una modificación del algoritmo "boosting" de aprendizaje supervisado (Wilson, Wiebe, & Hoffmann, 2005) que se basa en el contexto. La palabra "amor" por ejemplo, es una expresión que de forma independiente tiene una connotación positiva pero que dependiendo del contexto puede por el contrario tener una connotación negativa. La versión original empleada de OpinionFinder fue la 1.x que sólo funcionaba en Linux y que requería mucho tiempo y esfuerzo de instalación, y que además se ejecutaba a una velocidad muy lenta y con un alto consumo de recursos. A finales del 2013 la versión 2.x fue liberada, versión que funciona también con plataformas Windows. Ambas versiones generan los resultados en un archivo SGML y trabajan con bloques de 1000 documentos de texto a la vez. Se optó por trabajar con la versión 2.x que fue mejorada para corregir errores de la versión anterior por lo que en lo sucesivo se hará referencia a esta herramienta como OFV2.

Para ilustrar el funcionamiento de la herramienta, considérese la siguiente crítica real hacia un hotel en París:

"I don't write reviews about places very often but this time I just wanted to share how much I loved this wonderful boutique hotel. The staff, the rooms, the breakfast, the pool, everything makes this place unique and far superior to most chic hotels I have ever stayed in. This place is definitely a little Parisian gem. Looking forward to come back again!"

El archivo con formato SGML generado por OpinionFinder, el cual se formateó con sangrías para mejor apreciación visual del resultado, es el siguiente:

```
<MPQASENT autoclass1="unknown" autoclass2="subj">
     I don't write reviews about places
     <MPQAPOL autoclass="neutral">very</MPQAPOL>
     often but this time I
     <MPQAPOL autoclass="neutral">just</MPQAPOL>
     <MPQAPOL autoclass="positive">wanted</MPQAPOL>
      to share how
     <MPQAPOL autoclass="negative">much</MPQAPOL>
      I
     <MPQAPOL autoclass="positive">loved</MPQAPOL>
     this
     <MPQAPOL autoclass="neutral">wonderful</MPQAPOL>
      boutique hotel.
</MPQASENT>
MPQASENT autoclass1="unknown" autoclass2="subj">
     The staff, the rooms, the breakfast, the pool, everything
makes this place
     <MPQAPOL autoclass="neutral">unique</MPQAPOL>
      and far <MPQAPOL autoclass="positive">superior</MP-
QAPOL>
      to
     <MPQAPOL autoclass="neutral">most</MPQAPOL>
     <MPQAPOL autoclass="positive">chic</MPQAPOL>
      hotels I have ever stayed in.
</MPQASENT>
<MPQASENT autoclass1="unknown" autoclass2="subj">
```

172

```
This place is
<MPQAPOL autoclass="neutral">definitely</MPQAPOL>
 a
<MPQAPOL autoclass="negative">little</MPQAPOL>
 Parisian
<MPQAPOL autoclass="neutral">gem</MPQAPOL>
 .
</MPQASENT>
<MPQASENT autoclass1="obj" autoclass2="obj">
    <MPQAPOL autoclass="neutral">Looking</MPQAPOL>
    forward to come back again!
</MPQASENT>
```

Los archivos SGML se generan en algunos casos con etiquetas mal anidadas por lo que en el proceso de interpretación del resultado fue necesario corregir esos errores. El formato SGML fue transformado a XML y los datos se extrajeron utilizando JDOM, una biblioteca para manipulación de datos en formato XML. Los datos extraídos se almacenaron en la base de datos cuya estructura se muestra en la figura 6.8. En esta base de datos puede apreciarse que el detalle de las críticas (reviews), las oraciones que las componen (sentences) y las palabras con polaridad (paloritywords) de cada oración se registran así como la polaridad correspondiente y los resultados de la clasificación.

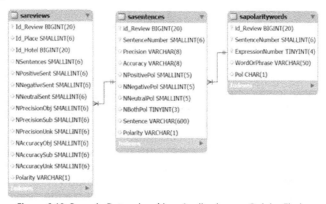

Figura 6.10. Base de Datos de críticas Analizadas por OpinionFinder

Dado que OpinionFinder identifica cada oración en un documento de texto y entonces analiza las expresiones de sentimiento de cada oración, cada crítica ri (documento de texto) fue tratada como una colección de oraciones $\{s_1, s_2, ..., s_n\}$

$$r_i = \{s_1, s_2, ..., s_n\}$$

Fórmula 6.1. Conjunto de oraciones

Dado un conjunto de clases C con c1 (positiva) y c2 (negativa):

$$C = \{c_1, c_2\}$$

Fórmula 6.2. Conjunto de clases

En donde la clase positiva representa a aquellos textos que contienen opinión predominantemente positiva y la clase negativa a aquellos con opinión predominantemente negativa y cada oración o documento puede pertenecer sólo a una clase. Las expresiones neutrales que indican hechos objetivos y no aportan opiniones positivas ni negativas no fueron tomadas en cuenta ni en la clasificación de oraciones ni en la de críticas.

Clasificación de oraciones: la clase de cada oración fue calculada de acuerdo con:

$$C^*(s_i) = \boldsymbol{argmax}_j \left(\sum_{k=0}^{n} e_k c_j \right)$$

Fórmula 6.3. Clasificación de oraciones

Donde *argmax* de *j* es el argumento j, es decir, la clase positiva o negativa para la cual la suma obtiene su máximo resultado; e_k es cada expresión de sentimiento y c_j es la clase correspondiente a esa expresión. Dicho de otra forma, una vez que una palabra de la oración se encuentra en el léxico de sentimientos, este se etiqueta como positivo o negativo de acuerdo con el valor asociado en el léxico. Este elemento etiquetado se representa como $e_k c_j$ en la fórmula que significa el elemento etiquetado ek que pertenece a la clase c_j. La sumatoria de todos los elementos e_k correspondientes a la clase c_j que resulte mayor (*argmax j*) es la clase asignada a la oración. Donde la clase j es 1 (clase positiva) o 2 (clase negativa).

Clasificación de críticas: la clase de cada crítica fue determinada usando:

$$C^*(r_i) = \boldsymbol{argmax}_j(\sum_{k=0}^{n} s_k c_j)$$

Fórmula 6.4. Clasificación de críticas

Dicho de otra forma, cada oración se clasificó como positiva o negativa en función del número predominante de expresiones positivas o negativas (fórmula 6.3). Una vez clasificadas todas las oraciones, la polaridad global del texto de las críticas se calculó en base al número predominante de oraciones positivas o negativas (fórmula 6.4).

6.3.2.2 Stanford CoreNLP (RNTN)

La suite de herramientas de procesamiento de lenguaje natural Stanford CoreNLP[10] provee archivos modelo para el análisis de texto a nivel léxico, sintáctico y semántico. Cada herramienta integrada en la suite está destinada a una tarea específica del procesamiento del lenguaje. Las herramientas que incluye CoreNLP son el etiquetador POS, identificador de nombres de entidad (*named entity recognizer*), analizador sintáctico y gramatical (*parser*), sistema de resolución de correferencias (*co-reference resolution system*) y análisis de sentimientos. Cada herramienta puede ser fácilmente activada como un anotador o etiquetador (*annotator*). Cada anotador está relacionado con un grupo de anotaciones las cuales son simples etiquetas generadas por cada módulo anotador.

El anotador de sentimientos fue recientemente integrado en CoreNLP. Este anotador se basa en el algoritmo de aprendizaje supervisado denominado "Red de tensor neural recursivo" (*Recursive Neural Tensor Network* – RNTN) el cual determina el sentimiento de las oraciones a partir de la composición de las palabras que componen las frases para lo cual utiliza un conjunto de datos denominado *Sentiment treebank* (Socher, y otros, 2013). Este anotador es un clasificador supervisado multiclase que asigna una de cinco clases a cada oración: muy positiva, positiva, neutral, negativa y muy negativa. El algoritmo realiza la clasificación identificando n-gramas específicos con diferentes intensidades de sentimiento positivo o negativo. La oración:

"Your cat is beautiful"

Es clasificada como muy positiva y obtiene la siguiente anotación:

```
((your_0 cat_0)_0 ((is_0 beautiful_++)_++ ._0)_+)_++
```

Donde "_++", "_+", "_0", "_-" y "_--" son las etiquetas correspondientes a muy positiva, positiva, neutral, negativa y muy negativa respectivamente. Para llegar a esta anotación la oración se descompone en palabras y signos. A cada palabra se le asigna una de las 5 etiquetas correspondientes a las clases mencionadas desde muy negativa hasta muy positiva. Las palabras se agrupan en frases nominales, verbales, adjetivales y adverbiales y éstas se buscan en el conjunto de datos de frases (*sentiment treebank*) y se etiquetan ahora como frases pertenecientes a una de las 5 clases. En el ejemplo, las palabras *your* y *cat* son etiquetadas como neutras (_0) así como la frase nominal "*your cat*" que juntas componen; las palabras *is* se etiqueta como neutra (_0) y *beautiful* como muy positiva (_++), por lo que la frase que juntas componen "*is beautiful*" se etiqueta también como muy positiva. Al final toda la oración se clasifica como muy positiva por la influencia de esta última frase.

La figura 6.11 muestra el árbol resultante de la clasificación de la oración.

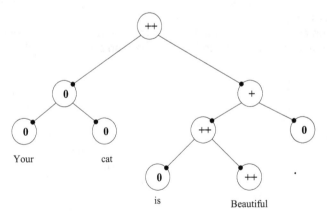

Figura 6.11. Ejemplo de clasificación utilizando RNTN

Las críticas de hoteles recopiladas también fueron analizadas con el anotador de sentimientos de CoreNLP.

Clasificación de oraciones: La clasificación de cinco clases de las oraciones efectuada por RNTN se transformó en una clasificación de tres clases. Esto fue necesario para estar en condiciones de comparar los resultados de las tres herramientas seleccionadas para este estudio, ya que las otras dos herramientas clasifican usando sólo tres clases. Para esto las oraciones se clasificaron como positivas, negativas o neutras considerando el intensificador "muy" (*very*) como indicador de doble fuerza, de esta forma, una oración "muy positiva" fue ponderada como dos oraciones positivas y lo mismo para el caso de las oraciones "muy negativas".

Clasificación de críticas: La polaridad (clase) de una crítica se determinó resumiendo la polaridad de las oraciones contenidas en ésta y asignando la polaridad predominante a la crítica. Para esto se utilizó la misma fórmula 6.4 definida en la sección anterior para OpinionFinder. Para almacenar los resultados se utilizó la base de datos cuya estructura se muestra en la figura 6.12

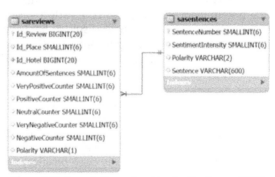

Figura 6.12. Base de Datos de crítica Analizadas por RNTN

6.3.2.3 SentUAH

Se desarrolló una herramienta basada en el método de aprendizaje supervisado naive Bayes combinado con el léxico de sentimientos SentiWordNet. La finalidad de desarrollar esta herramienta fue para comparar la confiabilidad de tres métodos distintos de análisis de sentimientos en la predicción de calificaciones numéricas.

En este algoritmo se usa SentiWordNet como datos de entrenamiento y la polaridad de las oraciones se determina usando los valores positivos y negativos que este léxico tiene asignado a las palabras y expresiones como la probabilidad de que una palabra determinada refleje un sentimiento positivo o negativo.

SentiWordNet es un léxico de sentimientos derivado de WordNet en el cual cada término (que puede ser una palabra o expresión) se asocia a tres valores numéricos. Los términos están clasificados en cuatro categorías: adjetivos, adverbios, verbos y sustantivos. Los valores asociados a los términos indican el grado en que éste es positivo, negativo u objetivo. La evaluación de la efectividad de SentiWordNet en el análisis de sentimientos ya ha sido evaluada y se ha determinado que este léxico es adecuado para esta disciplina (Esuli & Sebastiani, 2006; Baccianella, Esuli, & Sebastiani, 2010). En otras investigaciones se ha demostrado que SentiWordNet puede funcionar confiablemente en la clasificación de sentimientos (Ohana & Tierney, 2009; Hamouda & Rohaim, 2011).

Para esta investigación se adoptó la técnica propuesta por (Hamouda & Rohaim, 2011) para resumir los valores asociados a los términos en lugar de la técnica menos eficaz de conteo de palabras positivas y negativas. Las calificaciones de cada término de SentiWordNet se interpretaron como probabilidades de que ese término pertenezca a la clase positiva o negativa (Esuli & Sebastiani, 2006). Las palabras en SentiWordNet pueden tener diferentes sentidos y pertenecer a diferentes synsets[v] con diferentes probabilidades de pertenecer a las clases positiva, negativa o subjetiva. En lugar de realizar una desambiguación del sentido de las palabras, la herramienta desarrollada (SentUAH) se diseñó para calcular las calificaciones de cada término como el promedio de todas las apariciones de tal término en la misma categoría. Es decir si un verbo aparece en cinco synsets de la categoría verbo, su

---

v Síncope de conjunto de sinónimos en inglés (*synonym set*)

calificación positiva se calcula como el promedio de las cinco calificaciones positivas de los cinco synsets de este término como verbo, lo mismo para la calificación negativa y la objetiva. Se ha demostrado que esta técnica es más eficiente que determinar la polaridad de un término mediante el simple conteo de veces que tal término es más positivo que negativo o viceversa (Hamouda & Rohaim, 2011).

Clasificación de las oraciones: Para localizar cada término o expresión de polaridad de las oraciones en SentiWordNet se utilizó el etiquetador POS de CoreNLP. La polaridad (clase) de una oración C*(si) se calculó usando

$$C^*(s_i) = \underset{j}{\boldsymbol{argmax}}(\prod_{k=1}^{n} p(t_k | c_j))$$

Fórmula 6.5. Clasificación de oraciones por SentUAH

Donde *p(tk|cj)* es la probabilidad p de que el término t_k pertenezca a la clase c_j.

Clasificación de críticas: Se utilizó la misma fórmula 6.4 para determinar la polaridad de las críticas basándose en la clase predominante de las oraciones contenidas en la crítica.

La figura 6.13 ilustra el proceso de clasificación. SentUAH efectúa la división de oraciones, la identificación de elementos del lenguaje y el etiquetado POS en las críticas originales. Entonces cada adjetivo, adverbio, verbo y sustantivo se etiquetan con la probabilidad calculada correspondiente para el término (etiquetado del sentimiento). Posteriormente la polaridad del sentimiento de cada oración y crítica se determina como fue descrito anteriormente y se almacenan los resultados en la base de datos detallada en la figura 6.14.

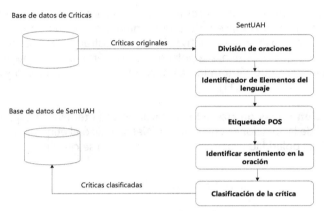

Figura 6.13. Análisis de sentimientos de las críticas usando SentUAH

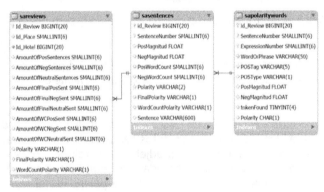

Figura 6.14. Base de datos de las críticas clasificadas por SentUAH

6.3.3. Análisis estadístico

Se utilizó la correlación lineal de Pearson para determinar la existencia y fuerza de la asociación entre las calificaciones de los hoteles y los porcentajes de críticas clasificadas como positivas por los tres algoritmos de análisis de sentimientos.

El alfa de Cronbach se utilizó para medir la consistencia interna entre las calificaciones publicadas y las calificaciones calculadas en base a los porcentajes positivos de críticas. Esta técnica se utiliza frecuentemente para medir la confiabilidad entre evaluadores. También se evaluó la confiabilidad utilizando la correlación intraclase (ICC) la cual se calculó usando la aleatoriedad de dos vías (*two-way random*) dado que todas las herramientas evaluaron todas las críticas en inglés. Es importante recordar que tanto para el alfa de Cronbach como para la correlación intraclase, un coeficiente superior a 0,9 se considera como excelente; de 0,81 a 0,9 como bueno; de 0,71 a 0,8 como aceptable; de 0,61 a 0,7 como incierto; de 0,51 a 0,6 como pobre y menor o igual a 0,5 inaceptable (George & Mallery, 2010).

6.4. Resultados y discusiones

Las críticas de los hoteles recopiladas mediante el crawler fueron analizadas por las tres herramientas de análisis de sentimientos. Los resultados resumidos por hotel fueron comparados con las calificaciones reales aportadas por los usuarios de TripAdvisor y publicadas en dicha Web.

Cuando los usuarios de TripAdvisor emiten una crítica, se les pide que indiquen una calificación global en la escala del 1 al 5 para el hotel u otro servicio que estén evaluando. La escala corresponde a lo siguiente: 1=terrible, 2=pobre, 3=promedio, 4=muy bueno y 5=excelente. La calificación global para un hotel específico es un promedio simple de las calificaciones de asignadas por todos los usuarios. El sitio Web presenta este promedio en múltiplos de 0,5.

El porcentaje de críticas clasificado como positivo o negativo fue calculado sobre la suma de las críticas clasificadas como positivas o negativas. En otras palabras, las críticas clasificadas como neutras fueron ignoradas dado que no aportan valoración subjetiva sino información objetiva. Por ejemplo:

"El hotel está ubicado a 5km de la ciudad"

Es un comentario que no muestra ninguna actitud ni positiva ni negativa.

6.4.1. Correlación entre las calificaciones globales y los porcentajes

Para los resultados de cada herramienta de análisis de sentimientos se calculó la correlación entre el porcentaje de críticas clasificadas como positivas y las calificaciones reales de los hoteles. Los dos tipos de resultados correlacionaron positivamente para los tres algoritmos (Tabla 6.2)

Ciudad	Correlación		
	OFV2	RNTN	SentUAH
Alcalá de Henares	0.496	0.204	0.604
París	0.680	0.688	0.526
Las Vegas	0.716	0.691	0.536
Santa Ana	0.672	0.634	0.473
Anaheim	0.737	0.681	0.675
Nueva York City	0.752	0.741	0.683
Londres	0.814	0.829	0.672

Tabla 6.2. Correlaciones entre calificación de hoteles y porcentajes positivos

OFV2 mostró la mejor correlación para la mayoría de las ciudades, seguido por RNTN. El comportamiento de SentUAH fue aceptable en la mayoría de los casos, incluso en los casos de las ciudades con menor proporción de críticas en inglés disponibles como fue el caso de la ciudad de Alcalá de Henares (consúltese la tabla 6.1). Las figuras 6.13 a la 6.15 comparan la correlación obtenida con los tres algoritmos para las tres ciudades más visitadas del conjunto de datos de esta investigación. Estas figuras confirman la tendencia mostrada en la tabla 6.2 que muestra a OFV2 y a RNTN con mejor correlación que SentUAH y muestran que los algoritmos más complejos que consideran las cuestiones lingüísticas tales como negaciones, intensificadores, modalidades y comparaciones trabajan de hecho más eficientemente que el enfoque más simple de naive Bayes aún con grandes cantidades de críticas.

La observación de las gráficas permite apreciar más detalladamente el comportamiento de las correlaciones entre los porcentajes positivos de las herramientas y las calificaciones reales. En éstas se observa que las líneas de tendencia calculadas para los resultados de OFV2 y de RNTN se mueven casi paralelamente mostrando una correlación positiva muy similar en las tres ciudades mientras que la línea de tendencia de los datos de SentUAH muestra también una correlación positiva pero menos ascendente también en las tres ciudades, corroborando así lo observado en la tabla 6.2 y en los índices de correlación (r) mostrados en las gráficas. Cada punto de coincidencia entre los porcentajes positivos y las calificaciones reales (representado como un triángulo para SentUAH, como un rombo para OFV2 y como una X para RNTN) también nos ofrece información interesante. Los puntos

182

de coincidencia de SentUAH se encuentran más dispersos que los puntos de OFV2 y de RNTN lo cual tiene como consecuencia el valor de correlación más bajo. Adicionalmente puede observarse que en los tres casos, los puntos de coincidencia y la línea de tendencia para los valores de OFV2 están más en el centro lo cual significa que estos valores se mueven en porcentajes más centrales. Es decir la mayoría de los porcentajes positivos de OFV2 están en el rango de 20% al 85% aproximadamente mientras que la mayoría de los porcentajes de RNTN están en el rango del 0% al 75% y los de SentUAH en el rango de 55% al 95%. La conclusión más interesante de la observación de las gráficas es la mayor dispersión de punto en el caso de SentUAH comparada con las otras 2 herramientas.

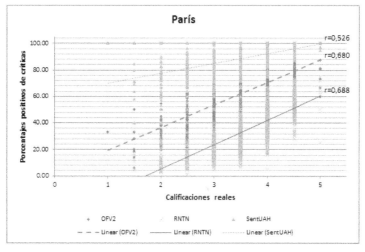

Figura 6.15. Correlación entre calificaciones reales y porcentajes positivos de hoteles en París.

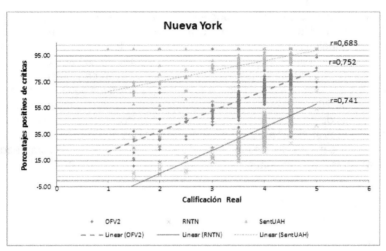

Figura 6.16. Correlación entre calificaciones reales y porcentajes positivos de hoteles en Nueva York

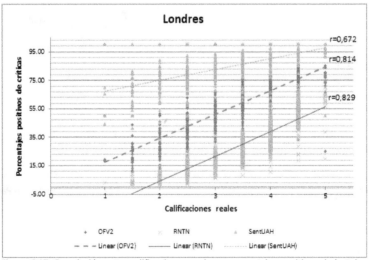

Figura 6.17. Correlación entre calificaciones reales y porcentajes positivos de hoteles en Londres

Las correlaciones resultantes de esta investigación se compararon con los resultados de exactitud previamente reportados para los tres algoritmos (O'Connor, Balasubramanyan, Routledge, & Smith, 2010; Socher, y otros, 2013; Hamouda & Rohaim, 2011). La comparación se muestra en la Tabla 6.3

Algoritmo	Exactitud Reportada	Correlaciones del presente estudio		
		Rango	Promedio de todas las ciudades	Promedio de ciudades con >50% de críticas en inglés
OFV2	73.9 a 80.0	0.496 a 0.814	0.695	0.729
RNTN	85.4 a 87.6	0.204 a 0.829	0.638	0.711
Naïve Bayesian (SentUAH)	64.95 a 68.63	0.473 a 0.683	0.596	0.594

Tabla 6.3. Comparación de exactitud previamente reportada con las correlaciones de esta investigación.

La exactitud reportada de los algoritmos en previas investigaciones es el resultado de aplicar estos algoritmos con diferentes fuentes de datos. La mayoría de los datos utilizados en las investigaciones anteriores son de hecho muy similares a los datos de esta investigación: RNTN fue evaluado usando críticas de películas (Socher, y otros, 2013); OpinionFinder fue evaluado usando encuestas de opinión (O'Connor, Balasubramanyan, Routledge, & Smith, 2010) y naive Bayes (Hamouda & Rohaim, 2011) fue evaluado con críticas de productos. La idea subyacente en la comparación de las exactitudes reportadas en previas investigación es con las correlaciones calculadas en este estudio es que idealmente los algoritmos con mejor exactitud deberían idealmente generar mejores correlaciones. Sin embargo, RNTN que reportó mejor exactitud muestra una correlación más baja que OFV2. SentUAH fue consistente con la exactitud previamente reportada, especialmente con ciudades con más del 50% de críticas en inglés disponibles. Aun cuando este último algoritmo generó menor correlación, sus resultados son aceptablemente confiables.

6.4.2. Predicción de calificaciones
Considerando que las calificaciones globales publicadas en TripAdvisor están expresadas en una escala del 1 al 5 en múltiplos de 0,5, el porcentaje de críticas clasificadas como positivas se dividió entre 20 y se redondeó al múltiplo de 0,5 inmediato más alto. Así los porcentajes positivos entre 0% y 10% fue-

ron transformados a la calificación 0,5; los porcentajes entre 11% y 20% a la calificación global de 1,0 y así sucesivamente. De esta forma un porcentaje positivo del 71% al 80% que significa que entre un 20% y un 29% de usuarios expresaron opiniones negativas se transformó a la calificación global de 4,0.

El alfa de Cronbach se utilizó para determinar la similitud de las calificaciones calculadas con las reales recolectadas de TripAdvisor (Tabla 6.4).

Los resultados del algoritmo de SentUAH para la ciudad de Alcalá de Henares son mejores que los comparados con los de OFV2 y RNTN. Esto nos permite inferir que los resultados de naive Bayes pueden funcionar bien para casos con menor cantidad de datos aunque estos resultados pudieron ser meramente circunstanciales. Para investigar la razón, se realizó un análisis más profundo con las ciudades con menor cantidad de críticas de este estudio. Este análisis mostró un incremento en los coeficientes de correlación para SentUAH pero solamente para aquellos hoteles con una cantidad menor de críticas. Desafortunadamente este comportamiento no es consistente, por lo que hubiera sido necesario realizar una investigación adicional seleccionando más ciudades con el mismo porcentaje bajo de críticas en inglés para evaluar más eficientemente el desempeño de SentUAH en esos casos. No obstante, se consideró dicha investigación fuera del ámbito de este libro y se emplazó a futuros trabajos de continuación en el área.

Las tres herramientas dieron coeficientes de confiabilidad alfa de Cronbach aceptables o cercanamente aceptables (Tabla 6.4) para la mayoría de las ciudades y como se puede observar la tabla 6.2 OFV2 y RNTN mostraron mayor correlación que SentUAH. Estos datos y los descritos anteriormente demuestran que mientras que el método naive Bayes funciona aceptablemente bien, los algoritmos basados en aprendizaje automático tales como el "boosting" de OpinionFinder y la red tensora neural recursiva se desempeñan mejor, especialmente cuando se incluyen en el análisis porcentajes de críticas superiores al 50% para los hoteles de una ciudad. Los mejores resultados en este estudio se obtuvieron cuando al menos el 60% de las críticas disponibles se analizaron. Aunque algoritmos más simples como naive Bayes pueden proveer resultados aceptables apun requieren mejoras sustanciales. En relación a los algoritmos utilizados, el entrenamiento con una mayor proporción de datos disponibles será crucial para predicciones más confiables.

City Name	% of reviews in English	Cronbach's alpha		
		OFV2	RNTN	SentUAH
Alcalá de He-nares	23.7%	0.279	0.289	0.704
París	58.7%	0.705	0.758	0.623
Las Vegas	89.1%	0.821	0.830	0.750
Santa Ana	96.6%	0.861	0.839	0.649
Anaheim	95.3%	0.844	0.791	0.770
Nueva York City	77.7%	0.833	0.817	0.655
Londres	77.1%	0.870	0.884	0.724
Promedio		0.745	0.744	0.696

Tabla 6.4. Alfa de Cronbach para medir la confiabilidad entre calificaciones reales y calculadas.

6.5. Resumen del capítulo

Con la finalidad de evaluar la confiabilidad de las calificaciones numéricas de hoteles calculadas a partir de los resultados de tres algoritmos de análisis de sentimientos, se extrajeron más de un millón de críticas y opiniones de usuarios de hoteles de 7 ciudades de 4 países del sitio Web TripAdvisor utilizando un Web crawler desarrollado con esa finalidad. Las críticas se clasificaron como positivas o negativas utilizando 3 algoritmos de análisis de sentimientos. Los porcentajes positivos por hotel se utilizaron para predecir una calificación numérica en una escala del 1 al 5 que fue comparada con las calificaciones reales (otorgadas por los usuarios) de los hoteles descargadas del mismo sitio Web. Los resultados de todas las herramientas se correlacionaron de forma positiva con las calificaciones reales de los hoteles. Los algoritmos más complejos de aprendizaje supervisado funcionaron mejor que el método más simple de naive Bayes. Las calificaciones calculadas fueron sometidas a un análisis de confiabilidad y mostraron buenos resultados para la mayoría de las ciudades. La predicción de calificaciones fue más confiable cuando se utilizaron 60% o más de las críticas disponibles por hotel. Estos resultados validan que el análisis de sentimientos puede ser usado para transformar los datos cualitativos no estructurados de las opiniones de los usuarios en calificaciones cuantitativas. En consecuencia, se probó que las actuales herramientas de análisis de sentimientos pueden ser útiles para resumir grandes cantidades de opiniones de usuarios de productos y servicios de sitios Web que no cuentan con calificaciones previamente calculadas para estos productos y servicios, tales como los foros de viajeros. Este resumen puede ser valioso no sólo para clientes potenciales sino también para proveedores de productos y servicios y ofrecer validación y evaluación comparativa para la mejora de técnicas de predicción y de extracción de opiniones en el futuro. Esta parte del trabajo evalúa la correlación entre el análisis de sentimientos de críticas de hoteles y sus calificaciones reales. Se evaluó la confiabilidad de la predicción de las calificaciones.

Capítulo 7

Conclusiones y trabajo futuro

El objetivo de este capítulo es presentar las conclusiones finales de la investigación, así como las ideas principales de trabajo futuro, en la misma línea de investigación, que se presentaron durante el desarrollo del trabajo y el estudio de la literatura.

7.1. Resumen de conclusiones y resultados

En esta sección se presentan los resultados de esta investigación asociándolos a los objetivos planteados inicialmente. La tabla 7.1 describe los objetivos específicos asociándolos a los resultados de los experimentos presentados en los capítulos 4, 5 y 6.

Objetivo	Descripción	Resultados
O1	Estudiar el grado de confiabilidad de las herramientas en línea de análisis de sentimiento que trabajan con Twitter como fuente de corpus.	I
O2	Determinar si es posible simplificar el proceso de análisis de sentimientos de tweets centrado en el objeto de opinión con respecto al estado del arte de la tecnología evitando el doble procesamiento y produciendo a su vez información adicional que pudiese resultar útil para el boca a boca electrónico.	II
O2.1	Desarrollar una propuesta de algoritmo que realice el análisis de sentimientos en tweets en una fase y se centre en el objeto de opinión	III
O2.2	Implementar mecanismos de aprendizaje automático no supervisados en la identificación de palabras usadas frecuentemente para calificar positiva o negativamente a los objetos de opinión	IV
O3	Desarrollar una propuesta de predicción de calificaciones cuantitativas a partir de valoraciones textuales cualitativas.	V
O3.1	Determinar si existe correlación entre los resultados de herramientas de análisis de sentimientos sobre las críticas o comentarios y la calificación global asignada por los mismos usuarios a los hoteles.	VI
O3.2	Desarrollar una propuesta de predicción de la calificación global de los hoteles basándose solamente en la cuantificación de los resultados del análisis de sentimientos.	VII

O3.3	Evaluar la confiabilidad de resultados generados por el modelo de predicción propuesto para los hoteles.	VIII

Tabla 7.1 Resumen de objetivos y resultados

Los resultados de esta investigación a los que se asocian los objetivos planteados fueron descritos en este documento en donde se indica a continuación:

I. Los resultados asociados al objetivo O1 se presentan en el capítulo 4 en las secciones 4.6.4 y 4.6.5.

II. Los resultados asociados al objetivo O2 se describen en el capítulo 5 en la sección 5.7 de resultados y discusión.

III. En relación al objetivo O2.1, la propuesta se describe en el capítulo 5, específicamente en las secciones 5.5 descripción de la propuesta y 5.7 Resultados y discusión.

IV. En relación al objetivo O2.2, la propuesta y los resultados se describen en el capítulo 5, específicamente en las secciones 5.5.6 identificación de términos clave.

V. La propuesta desarrollada en concordancia con el objetivo O3 se describe en el capítulo 6, más concretamente en las secciones, 6.4 Metodología y 6.5 Resultados y discusiones.

VI. Los resultados asociados al objetivo O3.1 se describen en el capítulo 6, en la sección 6.5 Resultados y discusiones.

VII. El modelo de predicción desarrollado en concordancia con el objetivo O3.2 se describe en el capítulo 6, en la sección 6.5.2 predicción de calificaciones.

VIII. Los resultados asociados con el objetivo O3.3 relacionados con la evaluación del modelo de predicción se describen en el capítulo 6, en la sección 6.5.2 predicción de calificaciones.

7.2. Conclusiones

En esta sección se presentan las conclusiones derivadas de los experimentos y propuestas descritos en los capítulos 4, 5 y 6, las cuales son soportadas por el estudio del estado del arte y la revisión de la literatura.

7.2.1. Confiabilidad de los resultados del análisis de sentimientos

En esta sección se presentan las conclusiones de los trabajos descritos en el capítulo 4, que están en concordancia con el objetivo específico O1.

Para efectos prácticos, una persona o compañía debería obtener opiniones similares de varios expertos ya sea humanos o herramientas de software, especialmente si esas opiniones serán la base para la toma de decisiones importantes. El análisis de sentimientos es una disciplina en progreso y con las tecnologías y las herramientas de software disponibles para esta tarea, no es aún evidente su aportación como artefactos cien por ciento confiables.

En relación con el objetivo O1 descrito al inicio de este documento, que plantea el estudio del grado de confiabilidad de las herramientas en línea que trabajan con tweets, los experimentos realizados en esta investigación ilustran que las herramientas con interfaz Web no son tan confiables cuando se comparan entre ellas y con clasificadores humanos. Sin embargo algunas de estas herramientas arrojan resultados con confiabilidad que va de aceptable a buena.

Para las compañías y clientes potenciales, el uso de herramientas que emitan resultados confiables al analizar contenido masivo generado por los usuarios de los medios sociales podría significar un considerable ahorro de tiempo y de dinero. Sin embargo, cada persona u organización con interés en utilizar el análisis de sentimientos de tweets como boca a boca electrónico debería decidir de acuerdo con la importancia de sus objetivos si los resultados de las herramientas en esta investigación son suficientemente confiables para apoyar la toma de decisiones.

Los resultados también muestran que la confiabilidad no necesariamente está en relación directa con la complejidad de los algoritmos utilizados. Se encontraron evidencias de que algoritmos poco complejos como el basado en palabras clave emiten resultados con confiabilidad aceptablemente confiable.

Usando como el criterio más importante, el comportamiento consistente al emitir resultados confiables, este estudio indica que Sentiment140 puede ser la herramienta más prometedora como técnica de boca a boca electrónica. También StreamCrab puede ser utilizada como la segunda mejor alternativa.

7.2.2. Simplificación de análisis de sentimientos centrado en el objeto de opinión

Las conclusiones de los trabajos descritos en el capítulo 5, acordes con el objetivo específico O2 y los objeticos derivados O2.1 y O2.2 son presentados en esta sección.

El análisis minucioso de la eficiencia de la propuesta presentada indica una mejora global de los resultados con respecto a las herramientas revisadas. Lo cual permite afirmar, en concordancia con el objetivo O2 que sí es posible simplificar el proceso de análisis de sentimientos centrado en el objeto de opinión.

En concordancia con el objetivo O2.1, los resultados también muestran una mejora de la eficiencia de la herramienta propuesta en la detección de la objetividad con respecto a las herramientas seleccionadas sin la necesidad de realizar un proceso adicional de clasificación de subjetividad. Estos resultados reflejados en la mejora de la clasificación de mensajes neutros también permiten inferir una mejora en la identificación de opiniones centradas en el objeto de opinión.

No obstante las fortalezas mencionadas, la propuesta presenta una debilidad en la eficiencia de la clasificación de tweets con opinión negativa. Esta situación ha sido detectada previamente por otros investigadores (Chen, Ibekwe-SanJuan, SanJuan, & Weaver, 2006), quienes encontraron que las críticas negativas son generalmente más detalladas y específicas que las positivas. Esta situación no demerita las fortalezas de la propuesta puesto que el objetivo central no fue mejorar la clasificación de tweets con opinión negativa sino alcanzar una mejora en la eficiencia, lo cual se consiguió de forma global.

El objetivo O2.2 también fue alcanzado con la identificación y presentación del vocabulario más frecuentemente utilizado para emitir opiniones positivas y negativas. Esta tarea es realizada por el algoritmo propuesto de forma exitosa. Esta información puede mejorar la práctica del boca a boca electrónico al ser utilizada por herramientas gráficas que enriquezcan la experiencia de los usuarios del análisis de sentimientos tales como la nube de palabras.

7.2.3. Predicción de calificaciones de hoteles

El capítulo 6 describe el uso del análisis de sentimientos para predecir las calificaciones globales de los hoteles a partir de comentarios en texto. La propuesta presentada en este capítulo se desarrolló en función del objetivo O3 el cual se cumplió satisfactoriamente.

El objetivo O3.1 se cumplió al comparar tres algoritmos diferentes y demostrar que los tres clasifican los comentarios en texto de forma que correlacionan positivamente con las calificaciones reales, validando por primera vez que el análisis de sentimiento en textos de opinión puede generar confiablemente datos cuantitativos a partir de opiniones y actitudes. En concordancia con el objetivo O3.2 se desarrolló e implementó un modelo de predicción de calificaciones de hoteles basado en los resultados del análisis de sentimientos. Cuando la predicción de los tres algoritmos fue comparada con las calificaciones reales usando el coeficiente alfa de Cronbach, los tres modelos mostraron confiabilidad aceptable o cercanamente aceptable para la mayoría de las ciudades examinadas alcanzando así el objetivo O3.3 de evaluar la confiabilidad de la predicción. Los algoritmos más complejos basados en "boosting" y en la red tensora neural recursiva se desempeñaron mejor que el algoritmo naive Bayes relativamente más simple.

Los resultados de esta investigación indican, en respuesta a la pregunta de investigación 1, que el análisis de sentimientos en críticas de hoteles de hecho se correlaciona con las calificaciones reales de TripAdvisor aun cuando se utiliza un algoritmo muy simple. Los resultados además indican, en respuesta a la pregunta de investigación 2, el análisis de sentimientos de críticas de hoteles puede ser usado para predecir calificaciones globales numéricas. La predicción parece ser más confiable cuando se utilizan algoritmos más complejos y al menos entre 50% y el 60% de las críticas disponibles. Se concluye que actualmente las herramientas de análisis de sentimientos son de hecho confiables para predecir las calificaciones de hoteles. Bajo la configuración de los experimentos de esta investigación, la confiabilidad promedio fue de 74% sobre un rango de ciudades que abarcó más de 3500 hoteles.

Una buena cantidad de sitios Web permiten a los viajeros compartir sus experiencias no todos permiten que los usuarios asignen una calificación numérica a los hoteles, especialmente los foros de viajeros los cuales pueden mejorar la búsqueda de recomendaciones por los usuarios implementando un sistema de predicción automática de calificaciones.

Esta investigación apoya la idea de aplicar el análisis de sentimientos a los sititos y blogs de hostelería (Pan, MacLaurin, & Crotts, 2007) a fin de otorgar a los usuarios y vendedores la habilidad de analizar grandes conjuntos de opiniones y actitudes.

7.2.4. Generalización de los resultados

El trabajo de investigación presentado en este documento se centró en el estudio de confiabilidad de la aplicación del análisis de sentimientos al contenido generado por el usuario de medios sociales. Los dos tipos de contenido generado por el usuario utilizados en la investigación fueron las críticas a productos y servicios y los mensajes de microblogs. Como ya se ha descrito en los capítulos 4, 5 y 6, los conjuntos de datos utilizados en los experimentos, fueron recopilados de TripAdvisor.com para el caso de las críticas y de Twitter para el caso de microblogs. Ambos tipos de textos se estudiaron en el idioma inglés.

Los resultados de los experimentos relacionados con las críticas son perfectamente trasladables a otras críticas de hoteles provenientes de otros sitios Web dedicados a la recepción de opiniones de usuarios de hoteles siempre y cuando éstas se emitan en inglés. Lo anterior se debe a que no se utilizó ninguna característica específica de TripAdvisor que restringiera los resultados a ser aplicables sólo a los textos provenientes de esta fuente. Dicho de otra forma, se puede extraer críticas a hoteles en inglés de cualquier sitio (p.ej. TravelersPoint.com y LonelyPlanet.com) y los resultados de la predicción de calificaciones de hoteles deberá funcionar tan confiablemente como fue determinado en lo experimentos de esta investigación.

Para el caso de los experimentos con mensajes de microblogs, los resultados sólo pueden ser generalizables a microblogs con características similares a Twitter, es decir a texto provenientes de servicios tales como "Jaiku", "Qaiku" y "Sweetter" cuyas restricciones de la longitud de los mensajes es similar a Twitter y en dónde los usuarios han adoptado prácticas similares de deformación del lenguaje escrito.

7.3. Recomendaciones

En esta sección se emiten recomendaciones para usuarios de análisis de sentimientos y para otros investigadores. Las recomendaciones surgen del estudio del estado del arte y de la experiencia en el trabajo de investigación descrito en este documento.

7.3.1. Orientadas a otros investigadores

7.3.1.1. Relacionadas con los métodos

El análisis de sentimientos utiliza métodos de aprendizaje automático o métodos basados en léxico. Ambos enfoques han demostrado ser eficientes en distintos estudios. No obstante, la investigación también ha demostrado que la combinación de métodos produce coeficientes de eficiencia mayores a los reportados cuando se hace uso exclusivo de métodos de un solo tipo (Prabowo & Thelwall, 2009; Fan & Chang, 2011; Zhang, Ghosh, Dekhil, Hsu, & Liu, 2011; Martín-Valdivia, Martínez-Cámara, Perea-Ortega, & Ureña-López, 2013).

Por otra parte, aunque el análisis de sentimientos haya surgido de las disciplinas del aprendizaje automático y de la minería de datos, tratar de resolver el problema del análisis de sentimientos como un caso particular de estas disciplinas sin profundizar en las características únicas del problema limita la mejora de la eficiencia. La eficiencia reportada por las propuestas que utiliza sólo algoritmos de aprendizaje automático casi siempre se aproximan al 80%.

De la observación de esta situación en el estudio del estado del arte y la experiencia en el desarrollo de una propuesta combinada de métodos, surge la recomendación para los investigadores de explorar métodos heurísticos, que aprovechen ventajas del aprendizaje automático y del enfoque basado en léxico y que aborden el problema considerándolo *sui generis*.

7.3.1.2. Relacionadas con la evaluación

Es una práctica generalizada identificada en la revisión del estado del arte que los estudios reporten la eficiencia de las propuestas de análisis de sentimientos utilizando la medida global de exactitud. Como puede apreciarse en el capítulo 5, en la sección 5.7.3 (resultados de eficiencia de la propuesta) para el caso de TweetFeel y los mensajes neutros, las medidas de recuperación y de precisión son mejores medidas de eficiencia que la exactitud. Se recomienda utilizar medidas de eficiencia que se enfoquen en evaluar la capacidad de las propuestas para identificar los textos correctos, tales como la recuperación y la precisión en lugar de usar sólo la exactitud.

Otra práctica generalizada es el etiquetado manual de datos para el entrenamiento por un solo humano. Esta práctica no toma en cuenta la evaluación del acuerdo entre humanos y asume que lo etiquetado por un humano es lo correcto. Está comprobado que los humanos no siempre están de acuerdo en el trabajo de clasificación (George & Mallery, 2010; Jiang, Yu, Zhou, Liu, & Zhao, 2011) por lo que antes de considerar los datos clasificados por humanos como correctos es recomendable someterlos a un análisis de confiabilidad.

7.3.1.3. Relacionadas con los medios sociales
En esta investigación se trabajó principalmente con datos de 2 medios sociales, críticas de sitios dedicados a la recepción de opiniones, específicamente TripAdvisor y mensajes de Twitter. El texto de las críticas son redactadas generalmente por adultos que han tenido experiencias con los servicios de los hoteles sobre los que emiten sus comentarios por lo cual los textos se encuentran redactados normalmente usando un inglés estándar que las herramientas de procesamiento del lenguaje natural son capaces de interpretar correctamente sin ningún preprocesamiento. El caso de los tweets es muy diferente. Las prácticas de redacción de los usuarios, que han sido comentadas en los capítulos 4 y 5, hacen de este tipo de mensajes un caso particularmente difícil de procesar eficientemente. Los métodos de aprendizaje automático supervisado y los estadísticos para el análisis de sentimientos que sólo evalúa la ocurrencia de patrones representativos de las opiniones positivas y negativas han demostrado tener un límite de eficiencia que se ha visto superado por los métodos que combinan el aprendizaje automático con los enfoques lingüísticos al trabajar con este tipo de mensajes. Por lo que sería recomendable para los investigadores integrar grupos interdisciplinarios formados por lingüistas, especialistas en el procesamiento del lenguaje natural y profesionistas de las ciencias computacionales para desarrollar propuestas más robustas y eficientes en el análisis de sentimientos.

7.3.2. Orientadas a los usuarios

La disciplina del análisis de sentimientos ha demostrado ser valiosa para clientes potenciales de productos y servicios y para organizaciones interesadas en extraer opiniones, sentimientos y actitudes de grandes cantidades de mensajes de diferentes tipos. Su valor estriba principalmente en el aprovechamiento de los resultados para la toma de decisiones. La recomendación principal es que aunque en estos momentos algunas herramientas emiten resultados aceptablemente cercanos a los resultados de análisis por humanos, se adopten estos resultados con cautela, especialmente cuando se trate de decisiones importantes.

7.4. Aportaciones originales

Una de las primeras aportaciones originales de esta investigación es la evaluación por primera vez del análisis de sentimientos desde una perspectiva distinta: El análisis de confiabilidad de los resultados. La evaluación tradicional de los métodos y herramientas del análisis de sentimientos es la eficiencia, especialmente y más frecuentemente la exactitud. A diferencia de la exactitud como medida de eficiencia, la confiabilidad evaluada en esta investigación no se centró en los procedimientos sino en los resultados.

Otra aportación original fue la generación de un modelo de predicción de calificaciones de hoteles basado en los resultados del análisis de sentimientos. Dicha predicción se basó en los porcentajes de las críticas con opinión positiva recolectadas desde un sitio especializado en obtener comentarios directamente de los usuarios de los servicios relacionados con la hostelería. Un modelo que además fue evaluado estadísticamente como confiable en comparación con las valoraciones de los mismos clientes de los hoteles.

Por último otras aportaciones originales de este trabajo de investigación fueron, en primer lugar el desarrollo de un algoritmo cuyas características combinan las ventajas del aprendizaje automático, específicamente el de los métodos basados en reglas, y las ventajas de un método basado en léxico de sentimientos. Tal algoritmo además tiene funciones propias de un enfoque no supervisado en lo referente a la detección de patrones para identificar el vocabulario usado más frecuentemente al emitir opiniones positivas y negativas. Otra aportación original del algoritmo propuesto es la peculiaridad de introducir el concepto de coeficiente de neutralidad que sirve para la clasificación de texto objetivo si añadir procesos adicionales que demanden recursos extra al análisis de sentimientos. En esta misma propuesta se aportó además lo que puede ser calificado como un cuidado exhaustivo al preprocesamiento de los mensajes de Twitter y al uso por primera vez de un etiquetador POS especializado en tweets en las tareas del análisis de sentimientos.

7.5. Trabajo futuro

Como resultado de la investigación descrita en este documento han surgido algunas ideas concretas sobre el trabajo futuro en la disciplina del análisis de sentimientos, las cuales se describen en esta sección.

7.5.1. Confiabilidad de los resultados del análisis de sentimientos

El estudio de la confiabilidad de los resultados de herramientas en línea consideró las herramientas como cajas negras, lo cual implica el importante hecho de que la eficiencia no fue evaluada. Para trabajo futuro, la evaluación simultánea de la eficiencia y la confiabilidad de los resultados de las herramientas de análisis de sentimientos al clasificar mensajes por su orientación semántica puede ayudar a identificar fortalezas y debilidades especialmente de aquellas que trabajan con Twitter como fuente de corpus. Esa evaluación puede ayudar a generar sugerencias que mejoren el rendimiento de tales herramientas. La viabilidad de esta idea de trabajo futuro dependerá de la localización de herramientas cuyas interfaces de programas de aplicación estén disponibles ya sea públicamente o con fines de investigación.

Las características y restricciones de Twitter requieren algoritmos de clasificación más fina para el análisis de sentimientos. Hay investigación abundante que consideran a los tweets como unidades separadas pero existe poca investigación que examine estos mensajes como parte de una conversación. El trabajo futuro considerando los tweets como parte de conversaciones completas podrá generar un análisis de sentimiento más completo y útil que considerarlos como unidades independientes.

7.5.2. Simplificación del análisis de sentimientos centrado en el objeto de opinión

En el capítulo 5, el análisis del corpus permitió identificar verbos y sustantivos cuya orientación es altamente negativa pero que al combinarse con determinados sustantivos pueden ser indicadores de una opinión cargada de polaridad positiva. Un ejemplo de esto es el verbo matar en el mensaje "Aspirin kills the pain inmediately". Para ayudar a afinar el proceso eficiente de clasificación de tweets, el trabajo futuro puede dotar al algoritmo de un mecanismo combinado de reglas y el léxico que permita asignar a las palabras y expresiones una polaridad condicional la cual pueda ser determinada por combinaciones específicas en determinados contextos.

El algoritmo propuesto realiza una desambiguación de términos a nivel muy básico. El estudio detallado de las debilidades de la propuesta permitió identificar que una desambiguación más elaborada y completa puede ayudar a mejorar estos resultados. Para el trabajo futuro, el método propuesto puede implementar esa desambiguación de palabras y de frases a nivel más profundo. En el trabajo futuro se deben adoptar medidas para mejorar la clasificación de tweets negativos evaluando relaciones más complejas o lejanas entre la opinión y el objeto de opinión.

La mejora de la propuesta se puede alcanzar también dotando de cierta inteligencia al léxico mediante el reconocimiento e interpretación de modismos. Por ejemplo, la expresión "Firefox drives me up to the wall" es una expresión con orientación negativa sin lugar a dudas, dado que "to drive someone up to the wall" significa irritar o molestar a alguien, y sin embargo no resulta tan evidentemente negativa para el clasificador automático dado que las palabras individuales y las relaciones gramaticales entre éstas no dan información subjetiva. La implementación de funciones de evaluación de expresiones regulares para los modismos puede ayudar a optimizar la eficiencia sin aumentar la demanda de recursos de cómputo ya que estas funciones no se aplicarían a todos los casos sino sólo a los relacionados con modismos.

7.5.3. Predicción de calificaciones de hoteles

Investigaciones futuras podrían extender los resultados del estudio descrito en el capítulo 6 para analizar qué propiedades de un producto o servicio conducen más frecuentemente a críticas positivas o negativas de los clientes, con la finalidad de proporcionar información más concreta a los usuarios y a los proveedores de tales productos y servicios. Aunque algunas investigaciones han examinado qué servicios han generado más opiniones, pocas han intentado determinar qué propiedades concretas de los servicios generan más opiniones positivas o negativas. El análisis de sentimientos se ajusta muy bien a esta tarea. Por ejemplo, es posible obtener críticas de hoteles y resumir comentarios positivos y negativos hacia instalaciones y comodidades específicos por ejemplo la recepción, la lavandería, el servicio a la habitación, la limpieza o hacia áreas específicas como el restaurante, y la piscina. Para que esta investigación sea factible hacen falta dos condiciones: primero, es necesario crear un léxico de sentimientos especializado en el dominio de la hotelería. Segundo, es necesario el desarrollo de una propuesta que combine el uso de un léxico de sentimientos con un enfoque de aprendizaje semisupervisado que agrupe las propiedades y resuma las opiniones positivas y negativas hacia éstas. Tanto la creación del léxico especializado en la hostelería como el desarrollo del algoritmo con tales características pueden ser objeto de trabajo futuro.

Referencias

About Twitter, I. (31 de 12 de 2014). *About Twitter*, Inc. Recuperado el 05 de 02 de 2015, de http://files.shareholder.com/downloads/AMDA-2F526X/2924193924x0x775744/742fd079-63cf-4b1c-afa0-8e0b9a-9b66a1/2014_Q2_Earnings_Slides_-_Updated_NEW.pdf

Adam M., S. (08 de 02 de 2012). *I Think*. Recuperado el 15 de 04 de 2013, de http://matei.org/ithink/2012/02/08/a-list-of-twitter-sentiment-analysis-tools/

Agarwal, A., Biadsy, F., & Mckeown, K. R. (2009). Contextual phrase-level polarity analysis using lexical affect scoring and syntactic n-grams. *In Proceedings of the 12th Conference of the European Chapter of the Association for Computational Linguistics . ACL.*, 24-32.

Agarwal, A., Xie, B., Vovsha, I., Rambow, O., & Passonneau, R. (2011). Sentiment analysis of twitter data. *In Proceedings of the Workshop on Languages in Social Media. ACL.*, 30-38.

Alm, C. O., Roth, D., & Sproat, R. (2005). Emotions from text: machine learning for text-based emotion prediction. *In Proceedings of the conference on Human Language Technology and Empirical Methods in Natural Language Processing* (págs. 579-586). Vancouver, B.C., Canada: ACL.

Alpaydin, E. (2014). *Introduction to machine learning*. MIT press.

Annett, M., & Kondrak, G. (2008). A comparison of sentiment analysis techniques: Polarizing movie blogs. *In Advances in artificial intelligence* (págs. 25-35). Berlin Heidelberg: Springer .

Baccianella, S., Esuli, A., & Sebastiani, F. (2010). SentiWordNet 3.0: An Enhanced Lexical Resource for Sentiment Analysis and Opinion Mining. *In LREC*, Vol. 10, (págs. 2200-2204).

Bai, X. (2011). Predicting consumer sentiments from online text. *Decision Support Systems*, 50(4), 732-742.

Beineke, P., Hastie, T., & Vaithyanathan, S. (2004). The sentimental factor: Improving review classification via human-provided information. *In Proceedings of the 42nd Annual Meeting on Association for Computational Linguistics*. ACL, 263.

Bell, J. (2014). *Machine Learning: Hands-On for Developers and Technical Professionals*. John Wiley & Sons.

Benamara, F., Cesarano, C., Picariello, A., Recupero, D. R., & Subrahmanian, V. S. (2007). Sentiment Analysis: Adjectives and Adverbs are better than Adjectives Alone. *In ICWSM*.

Bird, S., Klein, E., & Loper, E. (2009). *Natural language processing with Python*. O'Reilly Media, Inc.

Bollen, J., Mao, H., & Zeng, X. (2011). Twitter mood predicts the stock market. *Journal of Computational Science*, 2(1), 1-8.

boyd, d. (26 de 02 de 2009). Social Media is Here to Stay... Now What? Recuperado el 26 de 05 de 2014, de Microsoft Research Tech Fest, Redmond, Washington: http://www.danah.org/papers/talks/MSRTechFest2009.html

Boyd, D. (26 de 02 de 2009). *Social Media is Here to Stay... Now What?* Recuperado el 26 de 05 de 2014, de Microsoft Research Tech Fest, Redmond, Washington: http://www.danah.org/papers/talks/MSRTechFest2009.html

Bremner, C., & Grant, M. (12 de 06 de 2014). *Top 100 City Destinations Ranking - Analyst Insight from Euromonitor International*. Obtenido de http://blog.euromonitor.com/2014/01/euromonitor-internationals-top-city-destinations-ranking.html

Cambria, E., Schuller, B., Xia, Y., & Havasi, C. (2013). New avenues in opinion mining and sentiment analysis. *IEEE Intelligent Systems*, 28(2), 15-21.

Cantallops, A. S., & Salvi, F. (2014). New consumer behavior: A review of research on eWOM and hotels. *International Journal of Hospitality Management*, 36, 41-51.

Chen, C., Ibekwe-SanJuan, F., SanJuan, E., & Weaver, C. (2006). Visual analysis of conflicting opinions. *In Visual Analytics Science And Technology*, 2006 IEEE Symposium (págs. 59-66). Baltimore, Maryland: IEEE.

Chen, D., & Manning, C. D. (2014). A fast and accurate dependency parser using neural networks. In *Proceedings of the 2014 Conference on Empirical Methods in Natural Language Processing (EMNLP)*, 740-750.

Chesley, P., Vincent, B. X., & Srihari, R. K. (2006). Using verbs and adjectives to automatically classify blog sentiment. *Training, 580(263)*, 233.

comScore, & The_Kelsey_Group. (29 de 11 de 2007). *comScore*. Recuperado el 08 de 08 de 2014, de http://www.comscore.com/press/release.asp?press=1928

comScore/The_Kelsey, G. (29 de 11 de 2007). *comScore*. Recuperado el 08 de 08 de 2014, de http://www.comscore.com/press/release.asp?press=1928

Croft, W. B., Metzler, D., & Strohman, T. (2010). *Search engines: Information retrieval in practice. Addison-Wesley.*

Dave, K., Lawrence, S., & Pennock, D. M. (2003). Mining the peanut gallery: Opinion extraction and semantic classification of product reviews. In Proceedings of the 12th international conference on World Wide Web. ACM, 519-528.

De Marneffe, M. C., & Manning, C. D. (2008). Stanford typed dependencies manual. *Technical report*, Stanford University., 338-345.

deHaaff, M. (11 de 03 de 2010). *customerthink.com*. Recuperado el 15 de 10 de 2014, de Sentiment analysis, hard but worth it!: http://www.customerthink.com/blog/sentiment_analysis_hard_but_worth_it

Denecke, K. (2008). Using sentiwordnet for multilingual sentiment analysis. *In Data Engineering Workshop*, 2008. ICDEW 2008 (págs. 507-512). IEEE.

Derczynski, L., Ritter, A., Clark, S., & Bontcheva, K. (2013). Twitter Part-of-Speech Tagging for All: Overcoming Sparse and Noisy Data. *Recent Advances in Natural Language Processing International Conference* (págs. 198-206). Hissar, Bulgaria: INCOMA Ltd.

Duan, W., Gu, B., & Whinston, A. B. (2008). Do online reviews matter?—An empirical investigation of panel data. *Decision support systems*, 45(4), 1007-1016.

Duric, A., & Song, F. (2012). Feature selection for sentiment analysis based on content and syntax models. *Decision Support Systems*, 53(4), 704-711.

Erdmann, N. (29 de 07 de 2014). *investor.twitterinc.com*. Recuperado el 12 de 01 de 2015, de https://investor.twitterinc.com/releasedetail.cfm?releaseid=862505

Esuli, A., & Sebastiani, F. (2006). Sentiwordnet: A publicly available lexical resource for opinion mining. *In Proceedings of LREC, Vol. 6,* (págs. 417-422).

Fahrni, A., & Klenner, M. (2008). Old wine or warm beer: Target-specific sentiment analysis of adjectives. *In Proceedings of the Symposium on Affective Language in Human and Machine* (págs. 60-63). AISB.

Fan, T. K., & Chang, C. H. (2011). Blogger-centric contextual advertising. *Expert Systems with Applications, 38(3)*, 1777-1788.

Fuchs, C. (2013). *Social media: A critical introduction*. Sage.

Galley, M., McKeown, K., Hirschberg, J., & Shriberg, E. (2004). Identifying agreement and disagreement in conversational speech: Use of bayesian networks to model pragmatic dependencies. *In Proceedings of the 42nd Annual Meeting on Association for Computational Linguistics. ACL*, 669.

Gamon, M. (2004). Sentiment classification on customer feedback data: noisy data, large feature vectors, and the role of linguistic analysis. *In Procee-dings of the 20th international conference on Computational Linguistics*, 841.

Ganu, G., Elhadad, N., & Marian, A. (2009). Beyond the Stars: Improving Rating Predictions using Review Text Content. *12th International Workshop on the Web and Databases* (págs. 1-6). Providence, Rhode Island: WebDB.

Ganu, G., Elhadad, N., & Marian, A. (2009). *Beyond the Stars: Improving Rating Predictions using Review Text Content.* In WebDB.

George, D., & Mallery, P. (2010). *SPSS for Windows Step by Step: A Simple Guide and Reference 18.0 Update.* Prentice Hall.

Gerdes Jr, J. &. (2008). Addressing researchers' quest for hospitality data: mechanism for collecting data from web resources. *Tourism Analysis*, 309-315.

Gerdes Jr, J., & Stringam, B. B. (2008). Addressing researchers' quest for hos-pitality data: mechanism for collecting data from web resources. *Tou-rism Analysis*, 309-315.

Ghose, A., & Ipeirotis, P. G. (2011). Estimating the helpfulness and economic impact of product reviews: Mining text and reviewer characteristics. *Knowledge and Data Engineering, IEEE Transactions on, 23(10)*, 1498-1512.

Ghose, A., Ipeirotis, P., & Li, B. (2010). The Economic Impact of User-Gene-rated Content on the Internet: Combining Text Mining with Demand Estimation in the Hotel Industry. *In Proceedings of the 20th Workshop on Information Systems and Economics.* Phoenix. Horton: WISE.

Go, A., Bhayani, R., & Huang, L. (2009). Twitter sentiment classification using distant supervision. *CS224N Project Report, Stanford*, 1-12.

Goldberg, A. B., & Zhu, X. (2006). Seeing stars when there aren't many stars: graph-based semi-supervised learning for sentiment categorization. *In Proceedings of the First Workshop on Graph Based Methods for Natural Language Processing.*, 45-52.

Gretzel, U., & Yoo, K. H. (2008). Use and impact of online travel reviews. *Information and communication technologies in tourism* (págs. 35-46). New York: Springer.

Guest. (03 de 03 de 2010). *www.adweek.com/socialtimes.* Recuperado el 21 de 04 de 2013, de http://www.adweek.com/socialtimes/free-twitter-tools/4135

Gwet, K. L. (2014). *Handbook of inter-rater reliability: The definitive guide to measuring the extent of agreement among raters.* Advanced Analytics, LLC.

Hamouda, A., & Rohaim, M. (2011). Reviews classification using sentiwordnet lexicon. *In World Congress on Computer Science and Information Technology.*

Hamouda, A., & Rohaim, M. (2011). Reviews classification using sentiwordnet lexicon. *In World Congress on Computer Science and Information Technology.*

Han, J., Kamber, M., & Pei, J. (2011). *Data Mining: Concepts and Techniques.* USA: Morgan Kaufmann.

He, B., Macdonald, C., & Ounis, I. (2008). Ranking opinionated blog posts using OpinionFinder. *In Proceedings of the 31st annual international ACM SIGIR conference on Research and development in information retrieval. ACM.*, 727-728.

He, B., Macdonald, C., He, J., & Ounis, I. (2008). An effective statistical approach to blog post opinion retrieval. *In Proceedings of the 17th ACM conference on Information and knowledge management* (págs. 1063-1072). ACM.

Hedrick-Wong, Y., & Choog, D. (27 de 06 de 2014). *Top 20 Global Destination Cities in 2013. MasterCard WorldWide Insights*. Obtenido de http://insights.mastercard.com/position-papers/top-20-global-destination-cities-in-2013/

Hu, M., & Liu, B. (2004). Mining and summarizing customer reviews. *In Proceedings of the 10th ACM SIGKDD international conference on knowledge discovery and data mining. ACM*, 168-177.

Indurkhya, N., & Damerau, F. J. (2010). *Handbook of natural language processing (Vol. 2)*. CRC Press.

Ismael, C. (24 de 04 de 2013). *blog.mashape.com*. Recuperado el 25 de 05 de 2013, de http://blog.mashape.com/list-of-20-sentiment-analysis-apis/

Jalilvand, M. R., Esfahani, S. S., & Samiei, N. (2011). Electronic word-of-mouth: challenges and opportunities. *Procedia Computer Science*, 42-46.

Jansen, B. J. (2009). Twitter power: Tweets as electronic word of mouth. *Journal of the American society for information science and technology,* 60(11)., 2169-2188.

Jiang, L., Yu, M., Zhou, M., Liu, X., & Zhao, T. (2011). Target-dependent twitter sentiment classification. *In Proceedings of the 49th Annual Meeting of the Association for Computational Linguistics: Human Language Technologies-Volume 1*, 151-160.

Jurafsky, D., & Martin, J. H. (2014). *Speech and language processing*. Pearson.

Kabani, S. H. (20103). *The zen of social media marketing: An easier way to build credibility, generate buzz, and increase revenue*. Benbella Books.

Kamps, J., Marx, M. J., Mokken, R. J., & De Rijke, M. (2004). Using wordnet to measure semantic orientations of adjectives. *In Proceedings of the 4th international conference on language resources and evaluation*, 1115-1118.

Karlin, I. (25 de 11 de 2012). *Digitala Vetenskapliga Arkivet*. Recuperado el 12 de 04 de 2013, de An Evaluation of NLP Toolkits for Information Quality Assessment.: http://www.diva-portal.org/smash/record.jsf?pid=diva2%3A571819&dswid=7925

Kaufer, S. (01 de 12 de 2014). *tripadvisor.com*. Recuperado el 07 de 01 de 2015, de http://www.tripadvisor.com/PressCenter-c4-Fact_Sheet.html

Keshtkar, F., & Inkpen, D. (2013). A bootstrapping method for extracting paraphrases of emotion expressions from texts. *Computational Intelligence, 29*(3), 417-435.

Kim, S., & Hovy, E. (2004). Determining the sentiment of opinions. *In Proceedings of the 20th international conference on computational linguistics, Association for Computational Linguistic*s, 1367.

Kim, S., & Hovy, E. (2004). Determining the sentiment of opinions. *In: Proceedings of the 20th international.*

Korfiatis, N., García-Bariocanal, E., & Sánchez-Alonso, S. (2012). Evaluating content quality and helpfulness of online product reviews: The interplay of review helpfulness vs. review content. *Electronic Commerce Research and Applications, Vol. 11*(3), 205-217.

Kouloumpis, E., Wilson, T., & Moore, J. (2011). Twitter sentiment analysis: The good, the bad and the OMG! *in ICWSM.*, 538-541.

Ku, L. W., Lo, Y. S., & Chen, H. H. (2007). Using polarity scores of words for sentence-level opinion extraction. *In Proceedings of NTCIR-6 workshop meeting* (págs. 316-322). Citeseer.

Kumar, V., & Mirchandani, R. (2012). Increasing the ROI of social media marketing. *MIT sloan management review, 54*(1), 55.

Lai, P. (2010). *Extracting strong sentiment trends from Twitter*. Recuperado el 12 de 03 de 2013, de http://nlp.stanford.edu: http://www-nlp.stanford.edu/courses/cs224n/2011/reports/patlai.pdf

Lane, P. C., Clarke, D., & Hender, P. (2012). On developing robust models for favourability analysis: Model choice, feature sets and imbalanced data. *Decision Support Systems, 53(4)*, 712-718.

Li, Y. M., & Li, T. Y. (2013). Deriving market intelligence from microblogs. *Decision Support Systems, 55(1)*, 206-217.

Litvin, S., Goldsmith, R., & Pan, B. (2008). Electronic word-of-mouth in hospitality and tourism management. *Tourism Management,* 29(3), 458-468.

Liu, B. (2010). Sentiment analysis and subjectivity. En N. Indurkhya, & F. J. Damerau, Handbook of natural language processing (págs. 627-666). CRC press.

Liu, B. (2012). *Sentiment Analysis and Opinion Mining.* Morgan & Claypool Publishers.

Liu, B. (2012). *Sentiment Analysis and Opinion Mining.* Morgan & Claypool Publishers.

López, R., Sánchez, S., & Sicilia, M. (2015). Sentiment Analysis of Twitter as eWoM: An heuristic approach. *Artículo no publicado.*

Makrehchi, M., Shah, S., & Liao, W. (2013). Stock prediction using event-based sentiment analysis. *In Web Intelligence (WI) and Intelligent Agent Technologies (IAT), IEEE/WIC/ACM International Joint Conferences on (Vol. 1)*, 337-342.

Manning, C. D., Surdeanu, M., Bauer, J., Finkel, J., Bethard, S. J., & McClosky, D. (2014). The Stanford CoreNLP natural language processing toolkit. *in proceedings of 52nd Annual Meeting of the Association for Computational Linguistics: System Demonstrations* (págs. 55-60). Baltimore, Maryland: ACL.

Marsland, S. (2014). *Machine learning: an algorithmic perspective.* CRC press.

Martín-Valdivia, M. T., Martínez-Cámara, E., Perea-Ortega, J. M., & Ureña-López, L. A. (2013). Sentiment polarity detection in Spanish reviews combining supervised and unsupervised approaches. *Expert Systems with Applications, 40(10)*, 3934-3942.

Medhat, W., Hassan, A., & Korashy, H. (2014). Sentiment analysis algorithms and applications: A survey. *Ain Shams Engineering Journal*, 5(4), 1093-1113.

Melville, P., Gryc, W., & Lawrence, R. D. (2009). Sentiment analysis of blogs by combining lexical knowledge with text classification. *In Proceedings of the 15th ACM SIGKDD international conference on Knowledge discovery and data mining*, 1275-1284.

Melville, P., Gryc, W., & Lawrence, R. D. (2009). Sentiment analysis of blogs by combining lexical knowledge with text classification. *In Proceedings of the 15th ACM SIGKDD international conference on Knowledge discovery and data mining.*

Mishne, G. (2005). Experiments with mood classification in blog posts. *In Proceedings of ACM SIGIR 2005 workshop on stylistic analysis of text for information access (Vol. 19). Citeseer.*

Mittal, A., & Goel, A. (2012). *Stock prediction using twitter sentiment analysis.* Recuperado el 08 de 11 de 2012, de Stanford University: http://cs229. stanford.edu/proj2011/-GoelMittalStockMarketPredictionUsingTwitterSentimentAnalysis. pdf

Mittal, A., & Goel, A. (2012). *Stock prediction using twitter sentiment analysis.* Recuperado el 08 de 11 de 2012, de Standford University: http://cs229. stanford.edu/proj2011/-GoelMittalStockMarketPredictionUsingTwitterSentimentAnalysis. pdf

Mohammad, S., Dunne, C., & Dorr, B. (2009). Generating high-coverage semantic orientation lexicons from overtly marked words and a thesaurus. *In Proceedings of the 2009 Conference on Empirical Methods in Natural Language Processing. Vol 2* (págs. 599-608). Singapore: ACL.

O'Connor, P. (2008). User-generated content and travel: A case study on Tripadvisor.com. *Information and Communication Technologies in Tourism, Springer, Vienna*, 47-58.

O'Connor, B., Balasubramanyan, R., Routledge, B. R., & Smith, N. A. (2010). From tweets to polls: Linking text sentiment to public opinion time series. *ICWSM, 11,* 122-129.

O'Connor, B., Balasubramanyan, R., Routledge, B. R., & Smith, N. A. (2010). From tweets to polls: Linking text sentiment to public opinion time series. *in Proceedings of the Fourth International Conference on Weblogs and Social Media* (págs. 122-129). Washington, D.C.: AAAI Press.

Ohana, B., & Tierney, B. (2009). Sentiment classification of reviews using SentiWordNet. *In 9th. IT & T Conference,* (pág. 13).

Pak, A., & Paroubek, P. (2010). Twitter as a corpus for sentiment analysis and opinion mining. *in Proc. of LREC.*

Pan, B., MacLaurin, T., & Crotts, J. C. (2007). Travel blogs and the implications for destination marketing. *Journal of Travel Research,* 46(1), 35-45.

Pang, B., & Lee, L. (2004). A sentimental education: Sentiment analysis using subjectivity summarization based on minimum cuts. *In Proceedings of the 42nd annual meeting on Association for Computational Linguistics* (pág. 271). Stroudsburg, Pensilvania: ACL.

Pang, B., & Lee, L. (2005). Seeing stars: Exploiting class relationships for sentiment categorization with respect to rating scales. *In Proceedings of the 43rd Annual Meeting on Association for Computational Linguistics* (págs. 115-124). Stroudsburg, Pensilvania: ACL.

Pang, B., & Lee, L. (2008). Opinion mining and sentiment analysis. *Foundations and trends in information retrieval, 2(1-2),* 1-135.

Pang, B., Lee, L., & Vaithyanathan, S. (2002). Thumbs up? Sentiment classification using machine learning techniques. *in Proceedings of the Conference on Empirical Methods in Natural Language Processing (EMNLP),* 79–86.

Pang, B., Lee, L., & Vaithyanathan, S. (2002). Thumbs up? Sentiment classification using machine learning techniques. *in Proceedings of the Conference on Empirical Methods in Natural Language Processing (EMNLP)* (págs. 79–86). Philadelphia: ACL.

Perkins, J. (2010). *Python text processing with NLTK 2.0 cookbook.* Packt Publishing Ltd.

Prabowo, R., & Thelwall, M. (2009). Sentiment analysis: A combined approach. *Journal of Informetrics, 3(2),* 143-157.

Prentice, S., & Huffman, E. (2008). Social media's new role in emergency management. *Idaho National Laboratory,* 1-5.

Pustejovsky, J., & Stubbs, A. (2012). *Natural language annotation for machine learning.* O'Reilly Media, Inc.

Qiu, G., He, X., Zhang, F., Shi, Y., Bu, J., & Chen, C. (2010). DASA: dissatisfaction-oriented advertising based on sentiment analysis. *Expert Systems with Applications, 37(9),* 6182-6191.

Read, J. (2005). Using emoticons to reduce dependency in machine learning techniques for sentiment classification. *In Proceedings of the ACL Student Research Workshop,* 43-48.

Read, J. (2005). Using emoticons to reduce dependency in machine learning techniques for sentiment classification. *In Proceedings of the ACL Student Research Workshop* (págs. 43-48). Stroudsburg, Pensilvania: ACL.

Read, J., & Carroll, J. (2009). Weakly supervised techniques for domain-independent sentiment classification. *In Proceedings of the 1st international CIKM workshop on Topic-sentiment analysis for mass opinion* (págs. 45-52). Hong Kong, China: ACM.

Reyes, A., & Rosso, P. (2012). Making objective decisions from subjective data: Detecting irony in customer reviews. *Decision Support Systems, 53(4),* 754-760.

Riloff, E., Wiebe, J., & Wilson, T. (2003). Learning subjective nouns using extraction pattern bootstrapping. *In Proceedings of the seventh conference on Natural language learning at HLT-NAACL 2003(4)*, 25-32.

Rosales, F. (31 de 03 de 2010). *socialmouths.com/*. Recuperado el 17 de 04 de 2013, de http://socialmouths.com/blog/2010/03/31/6-tools-for-twitter-sentiment-tracking/

Rui, H., Liu, Y., & Whinston, A. (2013). Whose and what chatter matters? The effect of tweets on movie sales. *Decision Support Systems*, 55(4), 863-870.

Saggionα, H., & Funk, A. (2010). Interpreting SentiWordNet for opinion classification. *In Proceedings of the seventh conference on international language resources and evaluation LREC10*.

Scheible, S. (2010). The smallest, cheapest, and best: Superlatives in Opinion Mining. *SOCIAL MEDIA*, 39.

Sellami, Z., Quercini, G., & Reynaud, C. (2013). On the enrichment of a RDF repository of city points of interest based on social data. *in proceedings of 2nd International WorkShop on Open Data*. (pág. 2). Paris, France: ACM.

Serrano-Guerrero, J., Olivas, J. A., Romero, F. P., & Herrera-Viedma, E. (2015). Sentiment analysis: A review and comparative analysis of web services. *Information Sciences*, 311, 18-38.

Serrano-Guerrero, J., Olivas, J. A., Romero, F. P., & Herrera-Viedma, E. (2015). Sentiment analysis: A review and comparative analysis of web services. *Information Sciences*, 311, 18-38.

Socher, R. P., Wu, J. Y., Chuang, J., Manning, C. D., Ng, A. Y., & Potts, C. (2013). Recursive deep models for semantic compositionality over a sentiment Treebank. *In Proceedings of the Conference on Empirical Methods in Natural Language Processing* (págs. 1631-1642). Seattle, USA: ACL.

Soo-Guan Khoo, C., Nourbakhsh, A., & Na, J. C. (2012). Sentiment analysis of online news text: A case study of appraisal theory. *Online Information Review, Vol. 36(6)*, 858-878.

Spencer, J., & Uchyigit, G. (2012). Sentimentor: Sentiment analysis of twitter data. *In Proceedings of European Conference on Machine Learning and Principles and Practice of Knowledge Discovery in Databases* (págs. 56-66). Bristol, UK: ECML.

Taboada, M., Anthony, C., & Voll, K. (2006). Methods for creating semantic orientation dictionaries. *In Proceedings of the 5th International Conference on Language Resources and Evaluation (LREC), Genova, Italy*, 427-432.

Taboada, M., Anthony, C., & Voll, K. (2006a). Methods for creating semantic orientation dictionaries. *In Proceedings of the 5th International Conference on Language Resources and Evaluation (LREC), Genova, Italy*, 427-432.

Taboada, M., Gillies, M. A., & McFetridge, P. (2006b). Sentiment classification techniques for tracking literary reputation. *In LREC workshop: towards computational models of literary analysis*, 36-43.

Taboada, M., Gillies, M. A., & McFetridge, P. (2006b). Sentiment classification techniques for tracking literary reputation. *In LREC workshop: towards computational models of literary analysis*, 36-43.

Enlaces de Internet

[1]   apps.webofknowledge.com
[2]   dl.acm.org
[3]   Ismael, C. (24 de 04 de 2013). blog.mashape.com. Recuperado el 25 de 05 de 2013, de http://blog.mashape.com/list-of-20-sentiment-analysis-apis
[4]   http://election.twitter.com
[5]   http://en.wikipedia.org/wiki/Wikipedia:Lists_of_common_misspellings/For_machines
[6]   http://help.sentiment140.com/other-resources
[7]   Adam M., S. (08 de 02 de 2012). I Think. Recuperado el 15 de 04 de 2013, de http://matei.org/ithink/2012/02/08/a-list-of-twitter-sentiment-analysis-tools/
[8]   http://mpqa.cs.pitt.edu/
[9]   http://mpqa.cs.pitt.edu/opinionfinder/

[10]   http://nlp.stanford.edu/software/corenlp.shtml
[11]   http://opinioncrawl.com
[12]   http://research.microsoft.com/en-us/projects/nlpwin
[13]   http://reviews.imdb.com/Reviews
[14]   http://semantria.com
[15]   http://sentimentanalyzer.appspot.com
[16]   http://sentimentor.co.uk
[17]   http://sentirate.com
[18]   http://sentistrength.wlv.ac.uk/
[19]   http://sentiwordnet.isti.cnr.it/
[20]   http://smm.streamcrab.com/
[21]   Rosales, F. (31 de 03 de 2010). socialmouths.com/. Recuperado el 17 de 04 de 2013, de http://socialmouths.com/blog/2010/03/31/6-tools-for-twitter-sentiment-tracking/
[22]   http://stackoverflow.com/
[23]   http://stocktwits.com/sentwiment/stocks
[24]   http://twitrratr.com/
[25]   http://wndomains.fbk.eu/wnaffect.html
[26]   Guest. (03 de 03 de 2010). www.adweek.com/socialtimes. Recuperado el 21 de 04 de 2013, de http://www.adweek.com/socialtimes/free-twitter-tools/4135
[27]   http://www.alchemyapi.com
[28]   http://www.automotiveforums.com
[29]   http://www.dialogueearth.org/
[30]   http://www.epinions.com/
[31]   http://www.imdb.com/
[32]   http://www.lymbix.com
[33]   http://www.nltk.org/
[34]   http://www.openamplify.com
[35]   http://www.sentiment140.com
[36]   http://www.sentimetrix.com
[37]   Kaufer, S. (01 de 12 de 2014). tripadvisor.com. Recuperado el 07 de 01 de 2015, de http://www.tripadvisor.com/PressCenter-c4-Fact_Sheet.html
[38]   http://www.tweetfeel.com
[39]   http://www.wjh.harvard.edu/~inquirer
[40]   http://www.wordplays.com/official-scrabble-word-lists/enable-word-list/

[41] https://gate.ac.uk

[42] https://gate.ac.uk/wiki/twitter-postagger.html

[43] Erdmann, N. (29 de 07 de 2014). investor.twitterinc.com. Recuperado el 12 de 01 de 2015, de https://investor.twitterinc.com/releasedetail. cfm?releaseid=862505

[44] https://opennlp.apache.org/

[45] https://rapidminer.com/

[46] https://www.macquariedictionary.com.au/

[47] https://www.repustate.com

[48] scholar.google.com

[49] www.acronymfinder.com

[50] www.amazon.com

[51] www.cnet.com

[52] www.gallup.com

[53] Whissell, C. (. (2010). Whissell's dictionary of affect in language: Technical manual and user's guide. Recuperado el 18 de 10 de 2014, de Laurentian University: http://www. hdcus. com/manuals/wdalman. pdf.

[54] www.imdb.com

[55] www.internetslang.com

[56] www.linkedin.com

[57] www.livejournal.com

[58] www.pollster.com

[59] www.quora.com

[60] www.rottentomatoes.com

[61] www.sciencedirect.com

[62] www.urbandictionary.com

[63] www-01.ibm.com/software/analytics/spss/

Análisis de Sentimientos en textos de opinión.

Una evaluación práctica

Se terminó de imprimir en febrero de 2019
Tiraje: 1,000 ejemplares